Morrison Ayurveda

Judith H. Morrison

Ayurveda

Ein Weg zu Gesundheit und Lebensfreude
Wie wir das Wissen der traditionellen indischen
Medizin nutzen können

Aus dem Englischen übersetzt
von Thomas Kopal

Umschlaggestaltung:
CYCLUS · D. + P. Loenicker, Stuttgart

Illustrationen:
Tilney Kirkbride

Titel der Originalausgabe:
The Book of Ayurveda.
A Guide to Personal Wellbeing.
© 1994 Gaia Books Limited, London.
© 1994 Judith H. Morrison, Text

*Die Deutsche Bibliothek-
CIP-Einheitsaufnahme*

Morrison, H. Judith
Ayurveda : Ein Weg zu Gesundheit und
Lebensfreude; Wie wir das Wissen der
traditionellen Medizin nutzen können / Judith
H. Morrison. Aus dem Englischen von Thomas
Kopal. Stuttgart : TRIAS – Thieme Hippokra-
tes Enke, 1995
  Einheitssacht.: The book of Ayurveda <dt.>

© 1995 Georg Thieme Verlag,
Rüdigerstr.14
70469 Stuttgart
Printed in Singapore
Satz: CYCLUS · D. + P. Loenicker, Stuttgart

ISBN 3-89373-322-1   2 3 4 5 6

Wichtiger Hinweis

Wie jede Wissenschaft ist die Medizin ständi-
gen Entwicklungen unterworfen. Forschung
und klinische Erfahrung erweitern unsere
Kenntnisse, insbesondere was Behandlung
und medikamentöse Therapie anbelangt.
Soweit in diesem Werk eine Dosierung oder
eine Applikation erwähnt wird, darf der Leser
zwar darauf vertrauen, daß Autoren, Heraus-
geber und Verlag große Sorgfalt darauf ver-
wandt haben, daß diese Angabe dem Wissens-
stand bei Fertigstellung des Werkes
entspricht.

Für Angaben über Dosierungsanweisungen
und Applikationsformen kann vom Verlag
jedoch keine Gewähr übernommen werden.
Jeder Benutzer ist angehalten, durch sorgfältige Prüfung der Beipackzettel der verwendeten
Präparate und gegebenenfalls nach Konsultation eines Spezialisten festzustellen, ob die
dort gegebene Empfehlung für Dosierung oder
die Beachtung von Kontraindikationen
gegenüber der Angabe in diesem Buch
abweicht. Eine solche Prüfung ist besonders
wichtig bei selten verwendeten Präparaten
oder solchen, die neu auf dem Markt sind.
Jede Dosierung und Applikation erfolgt auf
eigene Gefahr des Benutzers. Autoren und
Verlag appellieren an jeden Benutzer, ihm
etwa auffallende Ungenauigkeiten dem Verlag
mitzuteilen.

Inhalt

Zu diesem Buch

Wir werden in unserem heutigen Informationszeitalter mit allen Arten von Information überschüttet. Zu wenig zu wissen, kann ebenso gefährlich sein, wie zuviel zu wissen es sei denn, man hat einen zuverlässigen Weg zur Ordnung dieses Wissens gefunden. Im Gesundheitsbereich können wir heute zwischen einer verwirrenden Zahl an wirksamen, aber sich auch widersprechenden Therapien wählen. Natürlich vertreten Fürsprecher einer Therapie die Überlegenheit ihres Ansatzes, und ohne Zweifel kann ein Heilmittel für eine Person in bestimmten Fällen geeignet sein, aber keine Arznei ist es in allen Fällen und immer. Denn alle Menschen sind voneinander verschieden.

Und weil die Menschen so verschieden sind, wurde Ayurveda als ein medizinisches Ordnungssystem entwickelt, das behutsam an individuelle Bedürfnisse angepaßt werden kann. Mit Hilfe der ayurvedischen Theorie ließen sich die vielfältigen Kenntnisse und unterschiedlichen Therapien ordnen, die in den vergangenen 5000 Jahren in Indien entstanden waren. Diese ordnende Kraft hat Ayurveda auch gegenüber den heutigen therapeutischen Techniken. Die ayurvedischen Vorstellungen von Gesundheit und Krankheit sind darüber hinaus praktisch genug, um von beinahe jedem verstanden zu werden. Ayurveda lehrt Selbsterkenntnis und Selbstentdeckung; es ermutigt die Menschen herauszufinden, wer sie sind, warum sie gesund bleiben und warum sie krank werden. Und es zeigt, wie man sein Leben verändern und so zu mehr Gesundheit und Lebensfreude gelangen kann.

Ayurvedisches Wissen ist nicht an Raum und Zeit gebunden; solange seine Vorstellungen sorgfältig in andere Sprachen übertragen werden, kann jeder davon profitieren, egal wo er lebt. Judith Morrison hat sich am Ayurvedic Institute in New Mexico intensiv mit Ayurveda befaßt, und sowohl Dr. Vasant Lad als auch ich sind dankbar für ihren enormen Beitrag an der sprachlichen und gedanklichen Übertragung. Lesen Sie, was sie geschrieben hat, probieren Sie es in Ihrem Leben aus, und Sie werden persönlich erfahren, was Ayurveda für Sie tun kann.

Dr. Robert E. Svoboda, Ayurveda-Arzt

Welchen Wert hat Ayurveda?
Unser Lebensstil ändert sich durch die wachsende Geschwindigkeit des Arbeitslebens und die Menge schnell übermittelter Informationen. Oft geschieht dies auf Kosten unserer körperlichen, geistigen und spirituellen Gesundheit. Sie können mit Ayurveda das Gleichgewicht in Ihrem Leben wiederherstellen, indem Sie auf Eigenschaften der Dinge und Umstände achten, die Ihnen in den Lebensmitteln, bei Ihrer Arbeit, bei Freizeitaktivitäten und im zwischenmenschlichen Bereich begegnen. Denn diese Eigenschaften stehen mit Ihrer einzigartigen Konstitution in einer engen Wechselwirkung.

Einführung

Eine kräftige Konstitution führt, das ist allgemein
bekannt, zu guter Gesundheit. Jeder kennt Menschen,
deren Gesundheit robust zu sein scheint, und das nicht
etwa, weil sie sich fit halten, richtig ernähren oder ein
Übermaß an Giften meiden. Sie sind mit einer Kraft geboren worden, die es ihnen ermöglicht, mit all dem Streß des
modernen Lebens umzugehen und ihre Gesundheit immer
wieder in ein inneres Gleichgewicht zu bringen. Wer würde sich nicht wünschen, tun und lassen zu können, was er
möchte, ohne unter den Folgen leiden zu müssen?

Aber was macht diese Konstitution eigentlich aus?
Nach ayurvedischer Vorstellung sind wir alle mit einer
individuellen, einzigartigen Konstitution geboren, die ein
innerer Bestandteil unseres Seins ist. Sie ist das Funda-
ment unserer Gesundheit und befindet sich in einem labi-
len, aber wiederherstellbaren Gleichgewicht. Bemühen
wir uns allerdings nicht darum, dieses Gleichgewicht aus-
zubalancieren, sind Beschwerden und Krankheiten die
Folge.

Seit Generationen wird Ayurveda in Indien und anderen Ländern, wie Sri Lanka, praktiziert. Es ist ein sehr
verständliches medizinisches System, dessen Popularität
im Westen ständig wächst. Ayurveda beruht auf den
grundlegenden Prinzipien des Lebens, wie sie von ehrwür-
digen Weisen in tiefer Meditation erfahren wurden. Dieses
Buch ist als Leitfaden zur Lebensführung zu verstehen.
Es enthält einen Auszug aus den umfangreichen ayurvedischen Lehren und soll uns helfen, zu leben und zu essen,
ohne krank zu werden.

Ayurveda ist eine Wissenschaft vom Leben, die die feinstofflichen Energien in den Mittelpunkt der Betrachtung
stellt, Energien, die allen Dingen – nicht nur lebender
oder anorganischer Materie, sondern auch Gedanken,
Gefühlen und Handlungen – innewohnen. Die Konstitution jedes Menschen beruht auf einer besonderen Bezie-

hung zwischen drei grundlegenden, vitalen Kräften, die „Doshas" genannt werden. Diese Doshas mit den aus dem Sanskrit stammenden Namen Vata, Pitta und Kapha sind der Kern des Ayurveda. Nicht nur unsere Fähigkeit, gesund zu bleiben, legen sie fest, sondern sie bestimmen auch unsere Reaktionsweisen auf die Welt um uns.

Machen Sie sich mit dem Erscheinungsbild der Kräfte Vata, Pitta und Kapha im Alltagsleben vertraut, um Ayurveda zu verstehen und ayurvedisch denken zu können. Alle Erscheinungsbilder können so beschrieben werden, wie wir sie auch erleben. Sie werden nach der Lektüre dieses Buches nicht nur das Gleichgewicht der drei Doshas in Ihrer Konstitution einschätzen, sondern auch feststellen können, welches Dosha bei Ihnen überwiegt. Mit anderen Worten: Entdecken Sie, ob Sie ein Vata-Typ, ein Pitta-Typ oder ein Kapha-Typ sind.

Wovon hängt Ihre Konstitution ab?

Für Ihre Konstitution ist in erster Linie der Zustand der Doshas Ihrer Eltern zum Zeitpunkt Ihrer Empfängnis verantwortlich. Die Lebenserfahrungen Ihrer Eltern nehmen nämlich ständig Einfluß auf die Doshas in jeder Zelle Ihres Körpers, auch der Ei- oder Spermienzellen.

Ein einfaches Beispiel: Stellen Sie sich einen werdenden Vater mit einer Pitta-Konstitution vor, der sehr ehrgeizig einer stressigen, intellektuell fordernden Arbeit nachgeht. In seinem gegenwärtigen Dosha-Zustand ist das Pitta sogar noch höher als in seinem konstitutionellen Gleichgewicht. Die werdende Mutter hat eine Kapha-Konstitution und geht halbtags einer leichten Tätigkeit nach. Da ihr abends oft langweilig ist, wenn sie auf ihren Partner wartet, verbringt sie ihre Zeit knabbernd und dösend vor dem Fernseher. Sie wird Kapha-Energie im Überfluß haben.

In der Konstitution des Kindes werden sich alle drei Doshas finden, aber eines oder vielleicht zwei werden überwiegen. Wenn nun zum Zeitpunkt der Empfängnis das Pitta im Sperma des Vaters stärker ist als das Kapha in der Eizelle der Mutter, wird das Kind eine Pitta-Konstitution bekommen, bei der das Kapha die zweite Rolle

Was bedeutet „Ayurveda"?
Ayurveda ist ein Wort aus dem Sanskrit und heißt wörtlich „Wissen oder Wissenschaft vom Leben". (ayur = Leben, veda = Wissenschaft oder Wissen)

spielt. Sollte allerdings das Kapha der Eizelle stärker
sein, wird das Kind ein Kapha-Typ, wobei Pitta die zweite
Rolle zugewiesen wird. Sind Kapha und Pitta gleichstark,
bekommt das Kind eine Pitta-Kapha-Konstitution.

Sowohl Ihre Doshas als auch die Ihres Partners werden
wiederum auf die gleiche Weise die Konstitution Ihres
Nachwuches bestimmen.

Die drei Lebensalter

Zwischen Geburt und Tod durchlaufen wir drei unterschiedliche Lebensabschnitte. Sie stehen jeweils zu der in
diesem Lebensabschnitt dominierenden Dosha-Energie in
Beziehung. Die Kindheit ist eine typische Kapha-Zeit. Um
zu wachsen und kräftige Gewebe zu entwickeln, braucht
der Körper ständig Nahrung. Und daher treten in diesem
Lebensabschnitt mit Kapha-Störungen verbundene
Erkrankungen relativ häufig auf.

Die Pitta-Phase beginnt mit der Pubertät und dauert
bis ins mittlere Erwachsenenalter. Viele Probleme der
Teenager, wie beispielsweise Akne, können mit der Zunah-
me dieses Doshas im Körper zusammenhängen. Der Körper sollte während dieses Lebensabschnittes in einem
stabilen Zustand gehalten werden: Viele auf einen Pitta-
Überschuß zurückführbare Störungen, wie etwa ein über-
säuerter Magen, treten häufiger auf. Mit etwa 55 Jahren
oder, bei Frauen, mit dem Beginn der Menopause, beginnt
der Vata-Lebensabschnitt. Nun verlangsamt sich der
Stoffwechsel, und die Gewebe werden nicht so schnell
erneuert. Dem offensichtlichen Schwund des Gewebes
geht oft eine Trockenheit im ganzen Körper voraus. Die
richtige Ernährung und regelmäßige Massagen mit Öl
können Ihnen helfen, den Körper geschmeidig zu halten.

Dinge verändern

Ob wir zu schwer essen, fliegen, stundenlang fernsehen,
zuviel Kaffee trinken oder uns die Nacht um die Ohren
schlagen – mit unserem täglichen Tun ändert sich auch
das Verhältnis der Doshas. Eigentlich sollten wir gesund
bleiben, solange die Störungen unseres täglichen Gleich-
gewichtes klein sind und nicht zur Gewohnheit werden
und solange wir uns darum bemühen, unser konstitutionelles Gleichgewicht wiederherzustellen.

Lebensalter und die Doshas
Obwohl in Ihrer Konstitu-
tion eines (oder vielleicht
zwei) der Doshas vorherr-
schend ist, werden Sie fest-
stellen, daß Kapha wäh-
rend der Kindheit, Pitta
während des mittleren
Erwachsenenalters und
Vata nach der Menopause
und im Alter erhöht ist.

Haben Sie erst einmal eine Vorstellung von der Dosha-Natur Ihrer Konstitution, können Sie feststellen, ob Ihr Lebensstil Ihnen hilft, gesund zu bleiben oder nicht.

Wenn die Beziehungen zwischen Vata, Kapha und Pitta gestört sind, sollten Sie versuchen, das Gleichgewicht wiederherzustellen und die Einheit Ihrer Konstitution zurückzugewinnen. Um Ihnen bei den Einzelheiten Ihres neuen Lebensstils zu helfen und Sie bei den anstehenden Änderungen zu beraten, enthält das Buch zahlreiche Diagramme, Tabellen und einige beispielhafte Ayurveda-Profile.

Im Ayurveda ist eine schlechte gesundheitliche Verfassung mit Störungen von Vata, Pitta und Kapha im Körper verbunden. Ein ausgebildeter Ayurveda-Therapeut erkennt, welche äußeren Zeichen und Krankheitssymptome auf welche Dosha-Störung verweisen. So geht beispielsweise ausgeprägte Trockenheit im Körper häufig mit einer Vata-Störung einher, heftige Hitzewallungen verweisen auf eine Pitta-Störung und deutliches Übergewicht auf eine Kapha-Störung. Welche äußeren Zeichen und Krankheitssymptome es auch sein mögen: Sie werden Ihren Lebensstil neu ausrichten und einige Ihrer Gewohnheiten ändern müssen, um Wohlbefinden und Gesundheit wiederzuerlangen.

Aber wie berichtigen Sie Ihren Lebensstil? Zunächst gilt es, das gestörte Dosha zu entdecken, um dann zu entscheiden, welche Eigenschaften Ihres Lebensstils und Ihrer Eßgewohnheiten diese Störung verursachen. Auf dem Hintergrund Ihres Wissens über diese Eigenschaften wählen Sie dann die nötigen Schritte aus, um das gestörte Gleichgewicht Ihrer Doshas wieder ins Lot zu bringen. Wenn Sie Veränderungen planen, sollten Sie immer an zwei entscheidende Prinzipien denken: „Gleiches verstärkt Gleiches " und „gegensätzliche Eigenschaften wirken senkend". Ist Ihr Vata-Dosha erhöht, sollten Sie keine Lebensmittel zu sich nehmen oder Dinge tun, die Ihr Vata weiter erhöhen könnten. Stattdessen sind jene Dinge oder Nahrungsmittel ratsam, die Vata entgegenwirken.

Gute Medizin

Ob etwas Medizin oder Gift ist, hängt auch nach ayurvedischer Anschauung nur vom Gebrauch ab. Keine Behandlung und kein Arzneimittel ist für alle Menschen und unter allen Umständen angemessen. Zwei Dinge machen die wahre Heilkunst aus: Die Patienten und ihre Situation verstehen und wissen, wann und wie man die Natur beim Heilungsprozeß unterstützen kann.

Gleichgewicht und Mäßigung gehören zum Leben und zur Gesundheit. So wird beispielsweise die Hitze in Körper und Geist ansteigen, wenn Sie regelmäßig heiße, scharf gewürzte Speisen essen. Sollte diese Hitze – abhängig von Ihrer Konstitution und andere Lebensumständen – übermäßig werden, kann sie zum Krankheitsgeschehen beitragen. Die ersten Krankheitszeichen könnten dann „heiße" Eigenschaften aufweisen, Juckreiz oder Kritiksucht. Natürlich würden andererseits heiße, scharf gewürzte Speisen bei einer „kalten" Konstitution helfen.

Ihre Einzigartigkeit ist Bestandteil ayurvedischen Denkens. Sie werden erkennen, was Sie selbst jeden Tag für Ihre Gesundheit tun müssen, und Sie werden spüren, wie sich Ihre Bedürfnisse mit dem Alter, den Jahreszeiten und Ihren Lebensumständen ändern.

Achtung:
Die Anleitungen und Informationen in diesem Buch können eine qualifizierte medizinische Versorgung nicht ersetzen.

Heiße und scharf gewürzte Nahrungsmittel
Von Ihrem gegenwärtigen Dosha- Gleichgewicht hängt es ab, ob Sie in Ihrer Ernährung heiße, scharf gewürzte Nahrungsmittel vorteilhaft einsetzen können.

Teil 1

Ayurveda verstehen

Die Ursprünge des Ayurveda

व्याधयो हि समुत्पन्नाः सर्वप्राणिभयङ्कराः ।
तद्ब्रूहि मे शमोपायं यथावदमरप्रभो ॥
तस्मै प्रोवाच भगवानायुर्वेदं शतक्रतुः ।
पदैरल्पैर्मतिं बुद्ध्वा विपुलां परमर्षये ॥

*„In allen lebenden Dingen sind furchterregende Krankheiten
aufgetreten, o Herr alles Guten, zeige mir die richtigen
Mittel, um sie zu lindern." Nachdem der Gott Indra die
umsichtige Klugheit des großen Weisen bemerkt hatte,
offenbarte er ihm Ayurveda in wenigen Worten.*
(Charaka Samhita, *Kapitel 1:81)*

Ayurveda ist ein traditionelles medizinisches System, dessen Ursprünge tief in der Kultur des indischen Subkonti-
nents verankert sind. Die großen Rishis (Weisen) des alten
Indien entdeckten vor über 5000 Jahren durch Beobachtung die Grundlagen der Lebensvorgänge und brachten
sie in eine innere Ordnung. Sie schenkten uns in mündli-
cher Überlieferung Ayurveda, das von Generation an
Generation weitergegeben wurde.

Einige wenige Abhandlungen über Ayurveda stammen
aus dem ersten Jahrtausend vor unserer Zeitrechnung.
Das bekannteste unter ihnen ist die *Charaka Samhita.*
Heute benutzen viele ayurvedische Ärzte *Astanga Hra-
dayam,* eine etwa tausend Jahre alte kürzere Zusammen-
schrift früher Texte. Spätere Texte enthalten Änderungen,
die aus den Medizinsystemen eingedrungener fremder
Kulturen übernommen wurden.

Die ayurvedischen Lehren wurden als poetische Verse
in Sanskrit niedergeschrieben, die das Wesentliche eines
Themas aufgreifen und dem Lernenden als Gedächtnis-
stützen dienten. Die Lernenden prägen sich ganze Texte

ein, die ihr Lehrer (Guru) dann mit Leben erfüllte, indem er das in den Versen verborgene tiefere Wissen durch Auslegung enthüllte. Obwohl Teile dieser Texte in einer Übersetzung aus dem Sanskrit vorliegen, sind sie ohne einen Lehrer für den westlichen Geist nicht ohne weiteres zugänglich.

Die hinter dem Ayurveda stehende Philosophie und ihre tiefe Bedeutung spiegelt sich im Sanskrit, der Sprache des alten Indien, wider. Für das Bewußtsein und darüber hinaus gehende Zustände oder Erscheinungen gibt es im Sanskrit eine Fülle von Bezeichnungen. Übersetzen wir Sanskrit in unsere westlichen Sprachen, verlieren wir die Fülle der Bedeutungen, denn nicht für alle ayurvedischen Konzepte gibt es Entsprechungen. Denn erst, wenn Vorstellungen, Ideen und Erfindungen in eine Kultur eingehen, werden Worte und eine Sprache für sie entwickelt.

पृथिव्यादीनि तत्त्वानि पुरुषान्तानि पञ्चसु ।
क्रमात् कादिषु वर्गेषु मकारान्तेषु सुव्रते ॥
वाय्वग्निसलिलेन्द्राणां धारणानां चतुष्टयम् ।
तदूर्ध्वं शादि विख्यातं पुरस्ताद् ब्रह्मपञ्चकम् ॥
अमूला तत्क्रमाज्ज्ञेया क्षान्ता सृष्टिरुदाहृता ।
सर्वेषामेव मन्त्राणां विद्यानां च यशस्विनि ॥
इयं योनिः समाख्याता सर्वतन्त्रेषु सर्वदा ।

Sanskrit

Aufbau und Reichtum dieser schönen, kraftvollen und wohlklingenden Sprache sucht man in den meisten westlichen Sprachen vergeblich. Die Logik und die Schönheit im Sanskrit stehen für die beiden Ebenen, die notwendig sind, um Ayurveda richtig zu verstehen: Das von Lehrern und Büchern übermittelte äußere Wissen und das innere Wissen, die durch Erfahrung gewonnene Intuition. Sie kommt erst durch die Anwendung des Gelernten im täglichen Leben.

Die Philosophie der Entstehung

Die Schöpfungs- oder Entstehungsphilosophie Sankhyas hatte den größten Einfluß auf Ayurveda. Sie brauchen diese Philosophie weder zu verstehen noch für sich anzunehmen, um Ayurveda in Ihrem Leben anzuwenden. Aber wie Ayurveda Ihrer Gesundheit nützt, wird Ihnen verständlicher, wenn Sie gegenüber dieser Philosophie offen sind.

Hinter der Schöpfung liegt, nach Sankhya, ein Zustand absoluten Bewußt-Seins jenseits von Raum und Zeit, ohne Anfang und Ende und ohne Eigenschaften. Innerhalb dieses absoluten Seins wächst ein Verlangen danach, sich selbst zu erfahren. Dies führt zu einem Ungleichgewicht und verursacht die Entstehung der ursprünglichen physikalischen Energie.

Diese Energie ist eine schöpferisch handelnde Kraft, die Dinge mit Eigenschaften hervorbringt. Es gibt einen

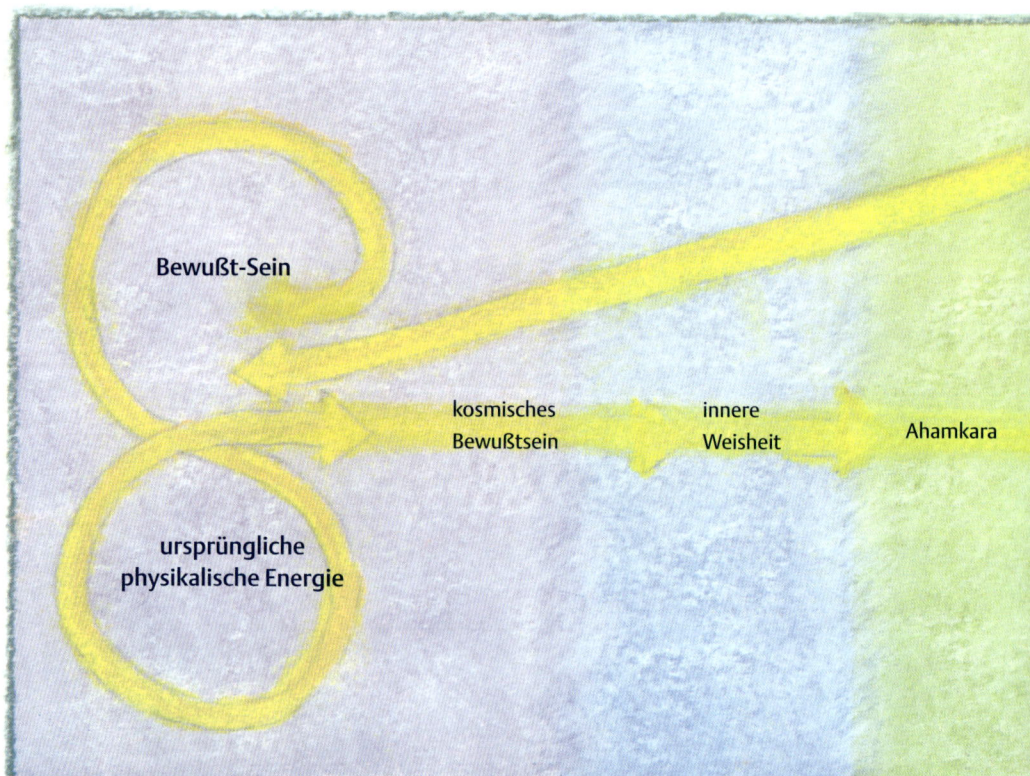

Bewußt-Sein

kosmisches
Bewußtsein

innere
Weisheit

Ahamkara

ursprüngliche
physikalische Energie

engen Zusammenhang zwischen Materie und Energie:
Nimmt die Energie Gestalt an, sehen wir sie eher als
Materie denn als Energie. Die ursprüngliche Energie ist
nicht faßbar und kann nicht in Worten beschrieben werden. Als die feinste aller Energien wird sie solange verändert, bis die uns bekannte geistige und physische Welt
erschaffen ist. Bewußtsein und ursprüngliche Energie ver-
einigen sich im Schöpfungsgeschehen. Außer im absoluten
Bewußt-Sein kann die ursprüngliche Energie und alles,
was von ihr ausgeht, nicht bestehen. Diese Vorstellungen
stehen nicht nur im Mittelpunkt der ayurvedischen Philosophie, sondern sind auch von großer Bedeutung für die
Aufrechterhaltung menschlicher Gesundheit.

Die Schöpfungsenergie
Die Energie des Schöpfung-
geschehens entsteht aus
dem absoluten Bewußt-Sein
der grenzenlosen Energie
des Universums; diese
Energie ist Liebe.

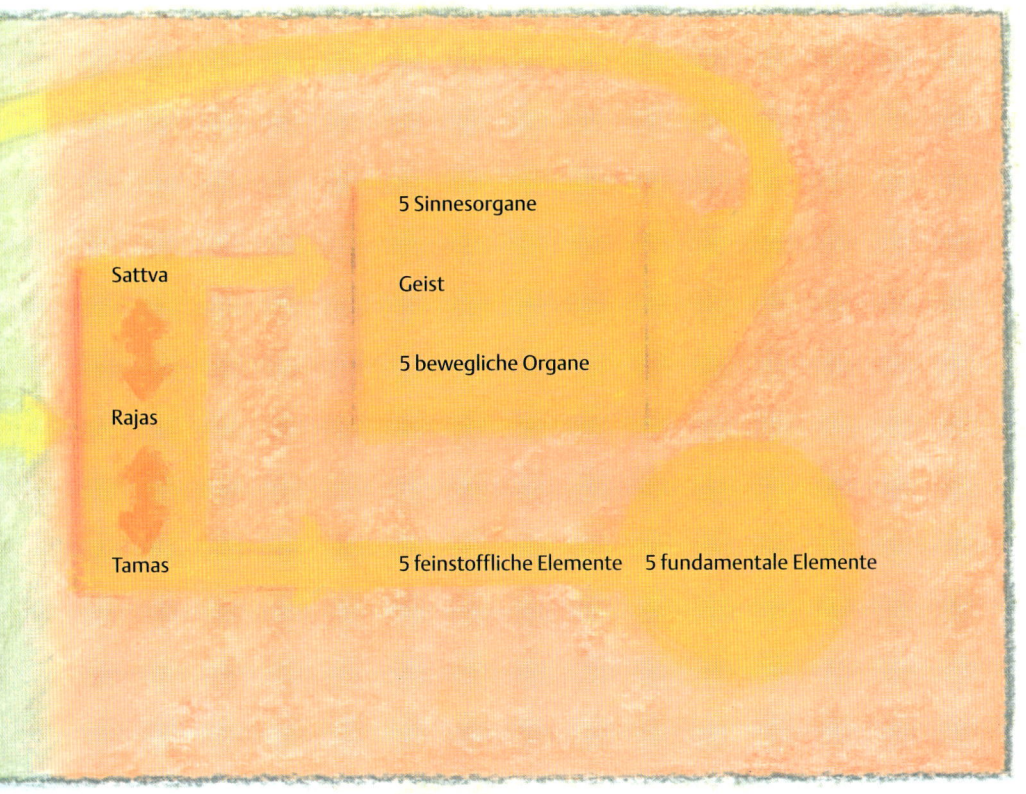

Sattva

Rajas

Tamas

5 Sinnesorgane

Geist

5 bewegliche Organe

5 feinstoffliche Elemente   5 fundamentale Elemente

Innere Weisheit

Die ursprüngliche Energie läßt das kosmische Bewußtsein oder die kosmische Intelligenz aufsteigen, jene allgemeingültige Ordnung, die alles Lebende durchzieht. Teil dieses kosmischen Bewußtseins ist Ihre persönliche individuelle Intelligenz, die nichts mit den intellektuellen Fähigkeiten im üblichen Sinn zu tun hat. Sie ist Ihre innere Weisheit: jener Teil Ihrer Individualität, der nicht von den Anforderungen des täglichen Lebens oder von *Ahamkara* , Ihrem „Selbst-Bewußtsein", ins Schwanken gebracht werden kann.

Ahamkara ist nicht leicht aus dem Sanskrit zu übersetzen. Die Gleichsetzung von Ahamkara mit „Ego" führt in die Irre, denn Ahamkara bedeutet mehr. Es ist Teil eines „Ich", das weiß, welche Teile der Schöpfung zum „Ich" gehören. Es ist meine einzigartige Schwingung, die alle Teile meines „Ich" zum Mitschwingen anregt. Das „Ich" geht auf in der Schöpfung, aber „Ich" habe eine Identität, die „meine" Grenzen festlegt und unterscheidbar macht. Nicht nur die Menschen, alle Teile der Schöpfung besitzen Ahamkara.

Elemente und Organe

Im physischen Körper gibt es fünf Sinnesorgane und fünf bewegliche Organe. Sie haben jeweils eine Entsprechung im feinstofflichen Körper. Jedes dieser zehn Organe hat, zusammen mit den fünf den feinstofflichen Elementen zugeordneten Sinnesarten, eine geistige Verwandtschaft mit einem der fünf fundamentalen Elemente (siehe Seite 22).

Die Verbindungen zwischen Elementen und Organen

fundamentale Elemente	feinstoffliche Elemente	Sinnesorgane	bewegliche Organe	Funktion
Äther	Klang	Ohren	Stimmbänder	sprechen
Luft	Berührung	Haut	Hände	greifen
Feuer	Erscheinung	Augen	Füße	fortbewegen
Wasser	Geschmack	Zunge	Geschlechtsorgane	zeugen
Erde	Geruch	Nase	Anus	ausscheiden

Subjektive und objektive Welten

Für unsere westlich geschulte Denkweise ist die Schöpfungsphilosophie schwer zu verstehen, denn ihre Vorstellungen liegen außerhalb unserer vertrauten Gedankengebäude, und es ist auch nicht leicht, ihnen zu folgen.

Aus Ahamkara entsteht eine zweigestaltige Schöpfung: *Sattva* umfaßt die subjektive Welt, es nimmt Materie wahr und verändert sie, während *Tamas* die objektive Welt der fünf Elemente widerspiegelt. *Rajas* ist die Kraft oder Energie der Bewegung, und bringt Teile der subjektiven und der objektiven Welt zusammen.

Die subjektive Welt umfaßt den feinstofflichen Körper. Hierzu zählen einerseits der Geist und die Fähigkeit der fünf Sinnesorgane zu hören, zu fühlen, zu sehen, zu schmecken und zu riechen. Andererseits gehören zum feinstofflichen Körper auch Sprechen, Greifen, Fortbewegen, Zeugen und Ausscheiden der fünf Organe. Der Geist und die feinstofflichen Organe bilden eine Brücke zwischen Körper, Ahamkara und innerer Weisheit.

Zusammen mit Ahamkara und innerer Weisheit macht der feinstoffliche Körper das Wesen des Menschen aus. Im Menschen gibt es, so sagen die Sakhya-Philosophen, acht Neigungen oder auch grundlegende Bestrebungen, die ebenfalls Teil der innersten Natur des Menschen sind: Tugendhaftigkeit, Lasterhaftigkeit, Wissen, Unwissenheit, Bindungslosigkeit, Anhänglichkeit sowie Stärke und Schwäche. Diese Neigungen sind solange Grund für unsere gewöhnliche Existenz und für unser Leiden, bis der Zustand des absoluten Wissens erreicht ist. Diese innerste Natur hält den physischen Körper „gefangen".

Der objektiven Welt des Tamas sind auf dem feinstofflichen Niveau die fünf Sinneselemente Klang, Berührung, Erscheinung, Geruch und Geschmack zugeordnet. Aus ihnen gehen die fundamentalen Elemente Äther, Luft, Feuer, Wasser und Erde hervor. Sie formen alle Materie unserer physischen Welt. Die Philosophie der Schöpfung hat allerdings selbst im Stadium der fundamentalen Elemente jenseits unserer physischen Vorstellungswelt liegende Blickwinkel. In erster Linie und hauptsächlich sind wir nach dieser Philosophie Geschöpfe der geistigen Welt.

Die Welt wird jetzt erschaffen

Die Philosophie Sankhyas ist in Schritten beschrieben worden, um ihr Verständnis zu erleichtern. Schöpfung oder Entstehung findet in Wirklichkeit jetzt, in der Gegenwart, statt, ohne Vergangenheit und Zukunft. Mit unserer normalen Vorstellungswelt ist dieser Gedanke nur schwer zu vereinbaren.

Die fundamentalen Elemente

Alles im Ayurveda ist aus den fünf fundamentalen Elementen (die oft als die großen Elemente bezeichnet werden) Äther, Luft, Feuer, Wasser und Erde zusammengesetzt. Sie stehen für die fünf Zustände oder Eigenschaften von Energie oder Materie und können mit den Methoden der westlichen Wissenschaft nicht festgestellt oder gemessen werden. Aber wir erfahren sie in unserem täglichen physischen, geistigen und emotionalen Leben aufgrund der Eigenschaften von Energie und Materie.

In allen Dingen treten diese Elemente überall und immer gemeinsam in unendlich vielen Mengenverhältnissen auf. Jedes Element besitzt zwar mehrere Eigenschaften, in einer bestimmten Situation treten aber nur wenige in Erscheinung. Die unglaubliche Vielfalt des Leben wird durch die Variation dieser Merkmale ermöglicht.

Die Elemente im Leben
In der Zellmembran sind alle Elemente vorhanden, aber das Erdelement überwiegt und gibt der Zelle ihre Struktur. In der Zellflüssigkeit herrscht das Wasserelement vor, und der Zellstoffwechsel wird hauptsächlich vom Feuerelement gesteuert. In den Gasen der Zelle überwiegt das Luftelement. Der Raum, den die Zelle einnimmt, stellt das Ätherelement dar.

Luft

Das Luftelement ist gasartig und hat luftige Eigenschaften. Es ist leicht, durchsichtig, trocken und verteilt sich.

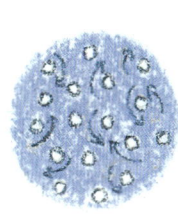

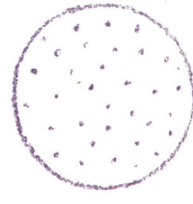

Äther

Ähter ist so feinstofflich, daß wir kaum an ihn denken. Er ist gleichbedeutend mit Raum oder Ausmaß.

Feuer

Im Feuer liegt die Kraft der Veränderung und der Verwandlung. Seine Eigenschaften sind Hitze, Trockenheit und die aufwärts gerichtete Bewegung.

Wasser

Wasser ist flüssig, kalt und fließt abwärts. Es hat keine eigene Gestalt.

Erde

Die Erde ist fest. Ihre Eigenschaften sind Schwere, Härte und eine nur wenig abwärts gerichtete Bewegung.

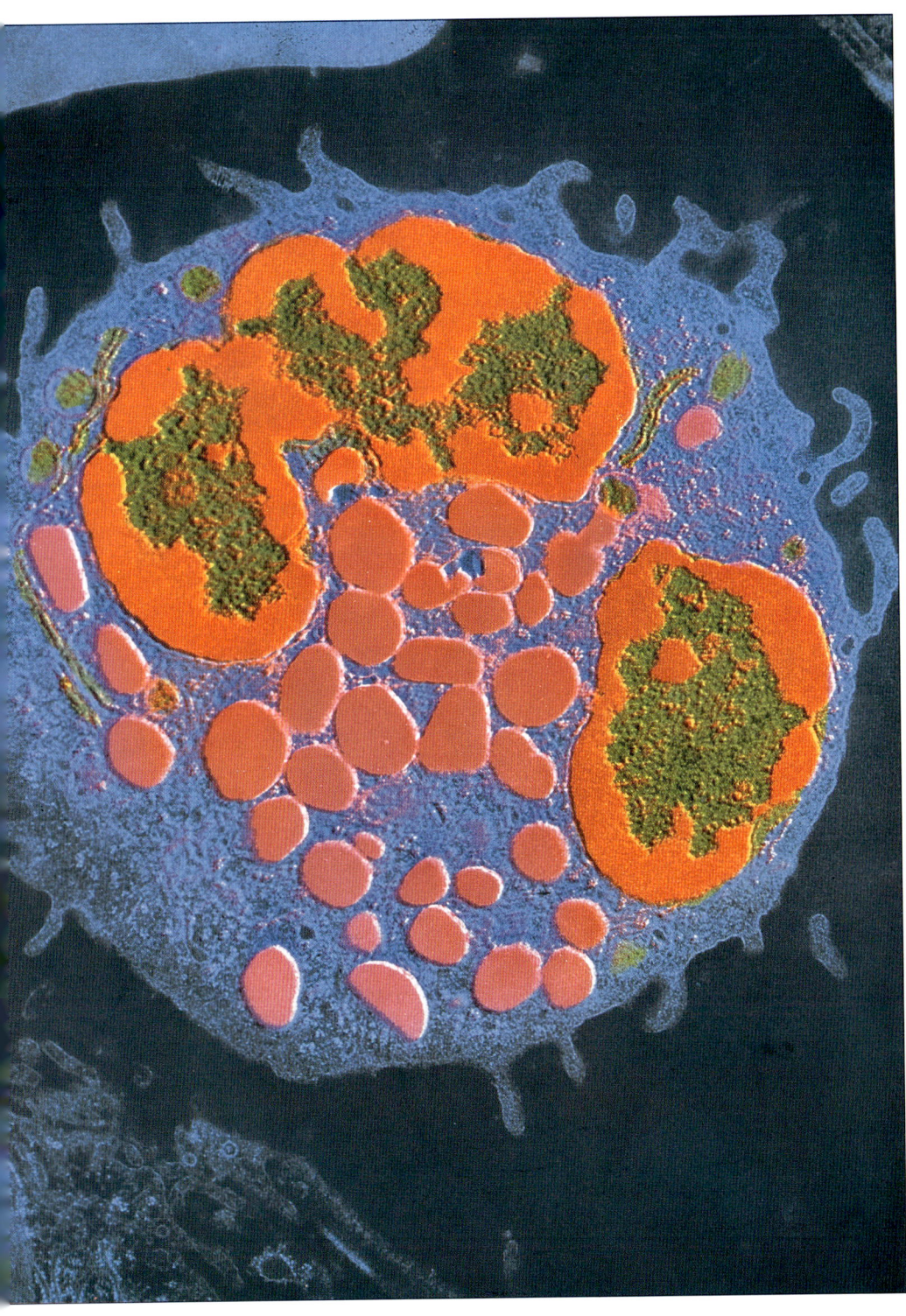

Die grundlegenden Eigenschaften

Ayurveda ist eine Wissenschaft der Eigenschaften. Wir erfahren sie natürlich täglich, aber nur wenige im Westen sind gewöhnt, in Eigenschaften zu denken und qualitative Erfahrungen auch analytisch zu nutzen. Diese Eigenschaften sollten Sie in sich selbst und in der sie umgebenden Welt erkennen lernen, um Ayurveda richtig anzuwenden.

Im Ayurveda haben unbedeutende und feinstoffliche Dinge einen Einfluß auf die Situation. Die Philosophie des Ayurveda beginnt mit dem feinstofflichsten Niveau des absoluten Bewußt-Seins, das solange fortentwickelt wird, bis wir es mit unseren Sinnen in seiner greifbaren Form wahrnehmen können. Durch den Geist stehen die feinstofflichen und die dichten Niveaus miteinander in Beziehung.

Die qualitativen und quantitativen Analyse- und Beschreibungsmethoden stehen nicht im Wettstreit miteinander, sie stellen lediglich verschiedene Modelle der Wirklichkeit dar. Das Geheimnis ist zu wissen, wann und wofür man das eine oder das andere anwenden sollte. Viele Krankheiten lassen sich leicht als Erfahrungen und Gefühle beschreiben. Müdigkeit beispielsweise ist schwer zu definieren, aber sie kann in ihren Auswirkungen gut beschrieben werden. Solche qualitativen Beschreibungen bestimmen, welche Maßnahmen ergriffen werden sollten, um die Gesundheit wiederherzustellen.

Folgt man der Charaka Samhita, spiegeln sich alle unsere Erfahrungen in zehn grundlegenden Eigenschaftspaaren wider. Jedes Paar bildet die Abschlußpunkte eines Kontinuums. Auf dem Verhältnis eines solchen Eigenschaftspaares bauen zwei ayurvedische Grundregeln auf. „Gleiches verstärkt Gleiches" ist die erste und „das Gegenteil wirkt vermindernd" die zweite.

In solch einem Eigenschaftsmodell ist nichts absolut. Heiß ist eben nur heiß in bezug auf etwas Kälteres. Zur Beurteilung von Eigenschaften werden immer auch die näheren und weiteren Umstände hinzugezogen. Unterschiedliche Eigenschaften stehen ebenfalls in Beziehungen und Wechselwirkungen zueinander; so kann beispielsweise eine Eigenschaft auf zwei verschiedene Substanzen unterschiedliche Wirkungen haben: Hitze fügt Brot eine trockene Eigenschaft hinzu, Butter jedoch eine flüssige.

Eigenschaften bilden ein Paar
Jedes Eigenschaftspaar, wie heiß und kalt, stellt die Extreme auf einem Kontinuum dar. Nahrung, die aus dem Kühlschrank kommt, ist kalt. Im Gefrierschrank wird sie noch kälter – weitere Kälte ist hinzugekommen. Auf dem Herd wird sie wieder wärmer, weil Wärme als Eigenschaft hinzugefügt wurde. Lassen Sie die Nahrung nur lange genug auf dem Herd, dann wird sie sich auf dem Kontinuum von der kalten Hälfte zur warmen Hälfte bewegt haben.

Die zehn Eigenschaftspaare

In dem klassischen Text Charaka Samhita sind 20 Eigenschaften zu zehn Paaren zusammengefaßt. Jedes Paar verkörpert zwei Extreme in einem Kontinuum. Die beiden Eigenschaften eines Paares beeinflussen sich gegenseitig.

Elemente und Eigenschaften

Nach der Vorstellung des Ayurveda ist alles in unserer Welt aus einer Verknüpfung der fünf fundamentalen Elemente zusammengesetzt. In ihren Eigenschaften zeigen sie unterschiedliche Aspekte und Intensitäten. Unten sind die fundamentalen Elemente entsprechend der Charaka Samhita den fundamentalen Eigenschaften zugeordnet.

Schwere	Leichtigkeit
Kälte	Hitze
Geschmeidigkeit	Rauheit
Stumpfheit	Schärfe
Unbeweglichkeit	Beweglichkeit
Weichheit	Härte
Flüssigkeit	Zähigkeit
Glätte	Grobheit
Feinheit	Plumpheit
Festigkeit	Formbarkeit

Eigenschaften der fundamentalen Elemente

Äther	Luft	Feuer	Wasser	Erde
Feinheit	Leichtigkeit	Hitze	Kälte	Schwere
	Beweglichkeit	Leichtigkeit	Formbarkeit	Unbeweglichkeit
	Rauhheit	Schärfe	Weichheit	Festigkeit
		Formbarkeit	Glätte	

Die drei Lebensenergien

वायुः पित्तं कफश्चेति त्रयो दोषाः समासतः ॥
विकृताविकृता देहं घ्नन्ति ते वर्तयन्ति च ।

Vayu (Vata), Pitta und Kapha sind, zusammengefaßt, die drei Doshas;
sind sie im Ungleichgewicht, zerstören sie den Körper, sind sie normal,
unterstützen (versorgen, erhalten) sie ihn.
(Astanga Hrdayam, *Kapitel 1:6)*

Die Rishis (Weisen) haben die Welt in den Begriffen der
fünf fundamentalen Elemente erklärt. Im Ayurveda werden sie in einer einfacheren Weise als drei Lebensenergien
oder Doshas beschrieben. Jedes Dosha ist aus zwei dieser
Elemente zusammengesetzt. Diese drei Doshas sind für
alle psychischen und physischen Abläufe in unserem
Körper verantwortlich. Als dynamische Kräfte sind sie
maßgeblich an Wachstum und Verfall beteiligt. Mit den
Begriffen dieser drei Doshas lassen sich körperliche
Charakteristika, geistige Fähigkeiten und emotionale
Neigungen erfassen.

Die Sanskritnamen der drei Doshas sind Vata, Pitta
und Kapha; eine Übersetzung aus dem Sanskrit fällt
schwer. Es sollte Ihr Ziel sein, die Auswirkungen der Doshas auf Ihren Körper und Ihr tägliches Leben nach und
nach wahrzunehmen. Wie schon die Elemente können wir
die Doshas nicht mit unseren Sinnen entdecken, wohl
aber ihre Eigenschaften. Diese weisen die Eigenschaften
der zwei Elemente auf, aus denen sie sich zusammenset-
zen, und eine Kombination von beiden. Vata hat daher
also Eigenschaften von Luft und Äther sowie Eigenschaften aus der Verknüpfung der beiden.

Zwar erfüllen Vata, Pitta und Kapha charakteristische Aufgaben im Körper, aber sie arbeiten nicht isoliert. Nur wenn die Doshas harmonisch zusammenwirken, sind Gesundheit und Wohlbefinden möglich. Abhängig von den Dosha-Eigenschaften Ihres Lebensstils und Ihrer Umgebung, wie beispielsweise der Tages- oder der Jahreszeit, ändern sich die drei Doshas ständig (siehe Seite 150f.).

Wenn Sie die Dosha-Eigenschaften Ihres Körpers und Ihres Lebensstils erkannt haben, können Sie Ayurveda dazu benutzen, um sie in einem persönlichen Gleichgewicht zu halten.

Wenn Sie Unausgewogenheiten erkennen, können Sie Ihre Doshas mit Ayurveda ins Gleichgewicht zurückführen. Auf diese Weise finden Sie wieder zu vollständiger Gesundheit zurück (siehe Seite 60 - 81).

Die drei Doshas

Jedes Dosha ist eine Kombination aus zwei Elementen, von denen eines das andere überwiegt. Die drei Doshas – Vata, Pitta und Kapha (verkürzt VPK) – werden oft als die Humoren von Luft, Feuer und Wasser bezeichnet.

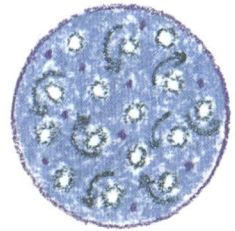

Vata

Vata verbindet Luft mit dem Ätherelement, wobei die Luft vorherrscht.

Kapha

Kapha ist die Verknüpfung von Wasser mit dem Erdelement, wobei das Wasser vorherrscht.

Pitta

In erster Linie ist Pitta das Feuerelement. Wasser ist ihm als zweites Element zugeordnet.

Die Eigenschaften von VPK

Um Ayurveda anzuwenden, ist es wichtig, sich der erlebten Eigenschaften bewußt zu werden und sie den Eigenschaften der Doshas zuzuordnen. Die Eigenschaften eines windigen Tages beispielsweise fügen Vata hinzu. Der Wind ist launisch, böig, trocknet die Wäsche und wirkt kühlend. Sie können ihn nicht sehen, aber seine Wirkung spüren. Hitze wird Pitta zugeordnet. Ein Feuer gibt Hitze und Strahlungswärme und strebt aufwärts, Hitze schmilzt und durchdringt. Die beiden Elemente des Kapha befinden sich mehr im Gleichgewicht, dieses Dosha ist mit feuchten, schweren oder festen Eigenschaften verbunden. Ein nützlicher Vergleich wäre Schlamm. Er ist kalt und weich, schwer und dicht und kann langsam nach unten gleiten.

Die untenstehenden Tabelle zeigt die wichtigsten, mit den Doshas verbundenen Eigenschaften. Stellen Sie sich die Eigenschaften jedes Doshas vor und beginnen Sie, sich selbst in Dosha-Kategorien einzuordnen. Sie können dann später selbst entscheiden, welche Eigenschaften Sie hinzufügen oder weglassen wollen, damit Ihre Doshas harmonisch zusammenwirken.

Wichtige Begriffe

Die Vorstellungen von VPK werden Sie schneller verinnerlichen, wenn Sie sich diese Tabelle einprägen. Hängen Sie eine Kopie an einen festen und einsehbaren Platz. Denken Sie daran: Eigenschaften bilden ein Kontinuum, sie sind immer eher verhältnismäßig als absolut, und sie werden in einem Zusammenhang erfahren und nicht einzeln.

Die wichtigsten Eigenschaften von VPK

Vata (Luft und Äther)	Pitta (Feuer und Wasser)	Kapha (Wasser und Erde)
leicht	leicht	schwer
kalt	heiß	kalt
trocken	ölig	ölig
rauh	scharf	langsam
feinstofflich	flüssig	zäh
beweglich	sauer	fest
rein	abführend	weich
auflösend		unbeweglich
sprunghaft		süß
zusammenziehend		

Um Ayurveda zu lernen, sollten Sie sich zunächst auf die Vorstellungen von Vata, Pitta und Kapha konzentrieren und sich mit dem Spektrum ihrer Eigenschaften vertraut machen. Erst dann können Sie versuchen, die Eigenschaften auf den menschlichen Geist und den Körper anzuwenden. Auf den Seiten 29, 30 und 31 sind die Eigenschaften des VPK für Sie zusammengestellt. VPK sind aber keine eigenständigen Energieformen, sondern verschiedene Seiten derselben Energie. Sie tauchen immer in unzähligen Kombinationen gemeinsam auf. Mit der Zeit werden Sie erkennen, wie sich Ihre Eigenschaften überlagern und miteinander in Beziehung stehen.

Ihr Körper und all Ihre täglichen Erfahrungen setzen sich also nicht nur aus einer, sondern aus vielen Eigenschaften zusammen. Suchen Sie bei sich selbst nach den wichtigsten Eigenschaften Ihrer Gefühle und der Geschehnisse um Sie herum; achten Sie auf körperliche Merkmale bei sich und den Menschen in Ihrer Umgebung.

Eigenschaften von Bäumen

Überall um uns stoßen wir auf die Eigenschaften von Vata, Pitta und Kapha. Bei einem Spaziergang durch die Wälder finden Sie in den unterschiedlichen Bäumen jeweils verschiedene Eigenschaften.

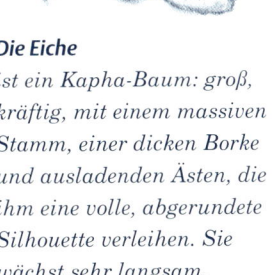

Die Eiche

ist ein Kapha-Baum: groß, kräftig, mit einem massiven Stamm, einer dicken Borke und ausladenden Ästen, die ihm eine volle, abgerundete Silhouette verleihen. Sie wächst sehr langsam.

Die Stechpalme

stellt die Pitta-Eigenschaften dar: eine glatte, hellgraue Borke und dornig gezähnte Blätter.

Die Birke

hat Vata-Eigenschaften: Ihr schlanker, dünner Stamm wiegt sich, wenn der Wind durch ihre zarten Äste fährt. Ihre Borke schält sich ab wie trockene Haut. Sie wächst innerhalb von 50 Jahren schnell zu voller Pracht, vergeht dann aber rasch.

Eigenschaften von VPK

Diese Liste enthält einige der Worte, mit denen wir Dinge und Ereignisse des täglichen Lebens beschreiben. Sie werden den wichtigsten Eigenschaften jedes Doshas zugeordnet.

zerstreuen auflösen verdampfen sich ausbreiten ausschwärmen

Eigenschaften von Vata

sprunghaft veränderlich unruhig launisch unregelmäßig verrückt verdreht

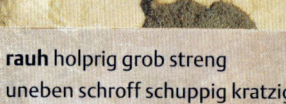

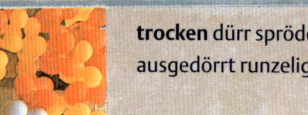

trocken dürr spröde mürb ausgedörrt runzelig

rauh holprig grob streng uneben schroff schuppig kratzig zackig schartig

Eigenschaften von Pitta

scharf schneidend wißbegierig ermittelnd beißend durchdringend scharfsinnig zielgerichtet schnell schrill stark

ölig butterig fettig schmierig schlüpfrig weich salbenartig

Eigenschaften von Kapha

kalt bitter rauh frostig kühl eisig freudlos traurig entmutigt

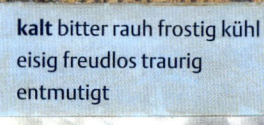

ölig butterig fett schmierig schlüpfrig weich salbenartig

schwer rundlich dicht dick gleichgültig lustlos massig beleibt unverdaulich plump

langsam stumpf träge langweilig ausgedehnt schläfrig faul langsam behäbig

beweglich aktiv belebt veränderlich flüssig lebhaft laufend flink reisend

klar leer deutlich durchscheinend

fein klein winzig verborgen kaum wahrnehmbar verschleiert

leicht zerbrechlich locker zerbrechlich dünnhäutig dünn

kalt bitter rauh gekühlt kalt gefroren glasig eisig

flüssig fließend strukturlos naß veränderlich klar

hell leuchtend offen feurig glühend bleich strahlend

heiß brennend begierig wild entflammt leidenschaftlich tobend versengend scharf gewürzt verschmachtend

weich behaglich cremig beschützend schlaff breiig aufnehmend versinkend

schleimig feuchtkalt zäh ölig zerlaufend schlüpfrig weich glatt

unbeweglich ruhig still stabil

fest stumpf dicht schwer beschränkt trüb langsam dick massiv

Gemeinsame und gegensätzliche Eigenschaften

Jedes Dosha teilt mit einem anderen Dosha eine Eigenschaft, und das dritte Dosha hat dann die entgegengesetzte Eigenschaft. Vata und Pitta haben beispielsweise leichte Eigenschaften; Kapha dagegen ist schwer. Die Leichtigkeit von Vata bezieht sich auf das Gewicht, die von Pitta auf die Ausstrahlung ebenso wie auf das Gewicht. Vata und Kapha sind beide kalt, aber Vata ist die trockene Kälte, während Kapha die nasse Kälte darstellt. Vata ist auch nicht so kalt wie Kapha, denn ein trockenes Klima wird nicht als so kalt empfunden wie ein naßkaltes. Kapha ist ölig im Übermaß, während Pitta diese Eigenschaft nur leicht hat.

Gegensätzliche Eigenschaften und das Gleichgewicht

Jedes Dosha kann sich selbst wieder ins Gleichgewicht bringen. Dafür sind die gegensätzlichen Eigenschaften der Elemente verantwortlich, aus denen sich das Dosha zusammensetzt. Nehmen wir als Beispiel das Vata. Eine Eigenschaft des vorherrschenden Luftelements ist die Ausbreitung, allerdings wird das Ausmaß dieser Ausbreitung durch den Raum (Äther) bestimmt. Zuviel Feuer im Pitta kann das Wasser verdampfen und eine trocknende Wirkung haben; zuviel Wasser jedoch löscht das Feuer.

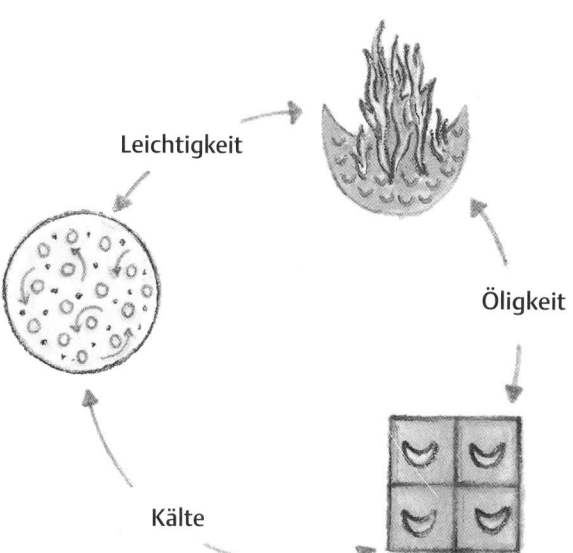

Leichtigkeit

Öligkeit

Kälte

Geteilte Eigenschaften
Die Eigenschaft, „ölig" zu sein, teilen sich Pitta und Kapha; Vata hat als gegensätzliche Eigenschaft die Trockenheit. Kälte ist eine Eigenschaft, die sich Vata und Kapha teilen, wohingegen Pitta heiß ist. Leichtigkeit teilen sich Vata und Pitta, Kapha dagegen ist schwer. Ein Übermaß an Vata-, Pitta- oder Kapha-Energie im Körper ist oft mit Symptomen verbunden, die trockene, heiße bzw. schwere Eigenschaften haben.

VPK und Ihre Konstitution

Ayurveda ist eine Wissenschaft des Individuums. Die Doshas treten bei jedem Menschen anders in Erscheinung. Das Verhältnis der Doshas in der Konstitution (siehe Seite 9) und die durch sie vermittelten Eigenschaften sind einzigartig für jedes Individuum. Das gegenwärtige Niveau Ihrer Doshas können Sie mit diesem Ausgangsverhältniss vergleichen. Gleichzeitig spiegelt das Verhältnis der Doshas typische Entwicklungsrichtungen und Empfänglichkeiten für Krankheiten wieder.

Im Ayurveda werden drei Konstitutionstypen beschrieben worden, obwohl die VPK-Eigenschaften unendlich viele Möglichkeiten zulassen. Bei Ein-Dosha-Typen überwiegt ein einzelnes Dosha: Sie haben entweder eine Vata-, Pitta- oder Kapha-Konstitution. Es gibt aber auch Menschen, bei denen zwei Doshas überwiegen. Sie haben entweder eine Vata-Pitta-, Pitta-Kapha- oder eine Vata-Kapha-Konstitution. In einem dritten Typ sind alle drei Doshas gleich stark, was jedoch sehr selten vorkommt. Sind die Doshas gut kombiniert, erfreuen sich die Menschen meistens hervorragender Gesundheit. Bei schwachen Dosha-Kombinationen leiden sie jedoch fast ständig unter Krankheiten, so sehr sie auch auf sich achten.

Es gibt zwei Gründe für die Einzigartigkeit eines Individuums. Zum einen teilt niemand mit einem anderen das gleiche Verhältnis von Vata, Pitta und Kapha. Zum zweiten kommen die Eigenschaften der Doshas bei keinem Menschen auf dieselbe Weise zum Tragen. Sowohl Sie als auch Ihre beste Freundin mögen derselbe vatadominierte Konstitutionstyp sein, und doch werden sich die Eigenschaften von Vata, Pitta und Kapha bei Ihnen unterschiedlich zeigen.

Als ersten Schritt sollten Sie Ihre Konstitution kennenlernen (siehe Seite 38-41). Mit diesem Wissen wird es Ihnen leichter fallen, Ihre Doshas in das in Ihrer Konstitution angelegte Verhältnis zu bringen, und dieses ausgeglichenere Verhältnis wird Ihnen mehr Lebenskraft verleihen. Als Faustregel mag folgendes gelten: Das stärkste Dosha Ihrer Konstitution neigt am ehesten dazu anzusteigen, also sind Sie vermutlich anfällig für Krankheiten, die mit dem Anstieg dieses Doshas verbunden sind.

Typische Konstitutionsmerkmale

Damit Ayurveda Ihnen Wohlbefinden und Lebensenergie bringt, sollten Sie Ihren Konstitutionstyp kennenlernen, jene ursprüngliche Verknüpfung von Vata, Pitta und Kapha in Ihrem Körper. Idealerweise sollten Sie dies von einem in ayurvedischer Pulsdiagnose geübten Fachmann herausfinden lassen. Allerdings gibt es bis heute im Westen nur wenige Menschen, die aufgrund ihrer Ausbildung dazu in der Lage sind. Aber Sie können Ihre Konstitution auch durch sorgfältige Beobachtung selbst ermitteln.

Im allgemeinen tendieren Vata-Persönlichkeitsmerkmale zum Extremen, Unregelmäßigen, Dünnen, Leichten oder Trockenen. Pitta-Typen sind durchschnittlich, aber scharfsinnig, schnell und leicht. Große, schwere oder langsame Eigenschaften werden mit Kapha in Verbindung gebracht.

Unterschiedliche Gesichter

Schauen Sie sich die Gesichter Ihrer Familie, Freunde, Kollegen und Bekannten an. Mit der hier gegebenen Beschreibung können Sie versuchen, deren Konstitutionsmerkmale V, P oder K zuzuordnen. Denken Sie daran: Niemand hat ein Gesicht, in dem sich das eine oder andere Dosha rein widerspiegelt, jedes Gesicht ist eine Kombination von Doshas. Alle Persönlichkeitsmerkmale werden außerdem berücksichtigt.

Vata

Die Haut des Vata-Typs ist dünn, trocken, dunkel und kühl. Die Haare sind dünn, dunkel, grob und entweder gekräuselt oder gelockt. Das Gesicht ist lang und eckig, oft mit einem unterentwickelten Kinn. Der Hals ist dünn und knochig. Die Nase ist schmal und kann lang, gekrümmt oder asymetrisch sein. Die Augen sind klein, stehen eng oder liegen tief, sind dunkelbraun oder grau mit einem matten Glanz. Der Mund ist klein mit schmalen Lippen. Die Zähne sind unregelmäßig, vorstehend, oder ausgebrochen, das Zahnfleisch geht zurück.

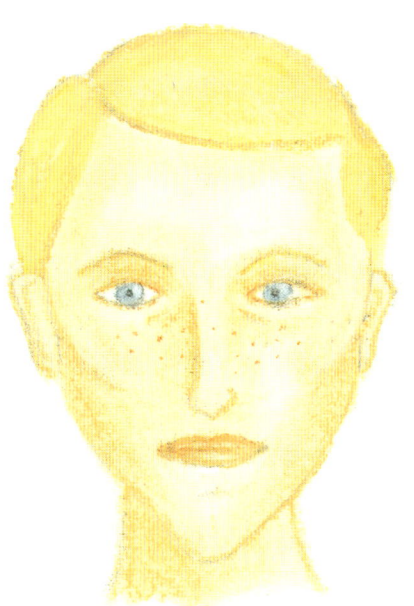

Pitta

Die Haut des Pitta-Typs ist hell, glänzend, weich und warm mit der Neigung zum Sonnenbrand. Sie neigt zu Leberflecken, Sommersprossen und Ausschlägen. Das Haar ist fein und weich, entweder blond oder rötlich. Das Gesicht ist herzförmig, oft mit einem ausgeprägten Kinn. Der Hals ist durchschnittlich proportioniert. Die Nase ist spitz, gerade und von durchschnittlicher Größe. Die Augen haben ebenfalls eine durchschnittliche Größe und sind hellblau, hellgrau oder haselnußbraun mit einem intensiven Glanz. Mund und Lippen sind mittelgroß.

Kapha

Die Kapha-Haut ist dick, fettig, bleich, weiß und kühl. Das Haar ist voll, dick, gewellt, glänzend und im allgemeinen braun. Das Gesicht ist groß, rund und voll. Der Hals ist massiv und ähnelt einem Baumstamm. Die Nase ist groß und gerundet, die Augen wirken anziehend und sind groß, blau oder hellbraun. Der Mund ist groß mit vollen Lippen, die Zähne sind groß und weiß und sitzen in gut entwickeltem Zahnfleisch.

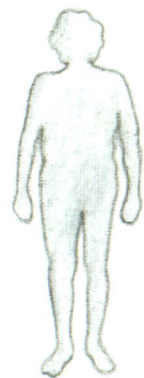

Die Doshas und der Geist

Nach ayurvedischer Vorstellung hat auch der Geist eine Konstitution, die in enger Beziehung zur körperlichen Konstitution steht. Gefühle können ebenfalls VPK zugeordnet werden. Menschen neigen zu bestimmten Gefühlsregungen und Verhaltensweisen; auch diese sind auf die jeweilige Konstitution zurückzuführen (siehe auch Seite 78 und Seite 166 - 177). Generell gilt, daß Sie positive Gefühle leichter empfinden, wenn Ihre Doshas im Gleichgewicht sind.

Positive Zustände

Im folgenden sind unsere positiven geistigen und emotionalen Zustände entsprechend dem VPK zusammengestellt. Die Art und Weise Ihres Denkens und Ihrer Gefühle werden durch Ihr gegenwärtiges Dosha-Gleichgewicht beeinflußt. Verwenden Sie diese Übersicht zusammen mit den Eigenschaften auf Seite 30 und 31.

Vata

Ideenreichtum · Begeisterungsfähigkeit · Freiheit · Großzügigkeit · Freude · Vitalität

Mit einer Vata-Konstitution sind Sie wahrscheinlich künstlerisch und kreativ tätig und verfügen über eine guten Vorstellungsgabe. Trotzdem finden Sie es schwer, Ihre Vorstellungen umzusetzen. Ihre Phantasie wird ständig von neuen Ideen angeregt. Ihr Gedächtnis ist vermutlich nicht besonders gut.

Pitta

Ehrgeiz · Konzentration · Selbstzufriedenheit · Mut Begeisterungsfähigkeit für Bildung · Glück · Intelligenz

Wenn Sie über einen aufgeweckten, konzentrierten Geist verfügen, haben Sie eine Pitta-Konstitution. Informationen nehmen Sie schnell auf und verwandeln sie zu Ihrem Vorteil. Sie können sich solche Informationen gut merken, die Sie brauchen, um Ihre Ziele zu erreichen. Geburtstage und Jubiläen vergessen Sie leicht.

Kapha

Schutz · Selbstbezogenheit · Mitleid · Zufriedenheit · Vertrauen · Erfüllung · Erdverbundenheit · Geduld · Standfestigkeit · Unterstützung · Zärtlichkeit

Wenn in Ihrer Konstitution Kapha überwiegt, haben Sie einen ausgeglichenen und verläßlichen Geist. Sie brauchen Zeit zum Lernen, aber Sie erinnern sich an das, was Sie gelernt haben. Mit dem Kapha-Geist kann manchmal ein Element der Schwerfälligkeit verbunden sein. Er sucht nicht immer nach neuer geistiger Anregung.

Das Geschenk der Liebe

Liebe ist universell und nicht an Bedingungen geknüpft. Sie kann weder durch physische, emotionale oder geistige Zustände beeinflußt werden. Ihre eigene Fähigkeit, Liebe zu geben und zu empfangen, kann das allerdings wohl.

Die Aufgaben von VPK

Vata, Pitta und Kapha haben in Körper und Geist besondere Aufgaben. Vata ist beweglich und an allen großen und kleinen Bewegungen beteiligt. Pitta ist heiß: seine Hauptaufgabe sind die Stoffwechselvorgänge im Körper und die Eingliederung geistiger Erfahrungen. Kapha stellt das Versorgungssystem des Körpers dar und unterstützt beispielsweise die Schleimbildung.

Vata

Anregung der Nerven
Weiterleitung sensorischer Reize
Anregung zu Handlungen
plötzliche Einfälle
Reflexe
Aufrechterhaltung des Bewußt-
    seins durch die Lebenskraft Prana
Ein- und Ausatmen
Herzschlag
Zirkulation von Blut, Gedanken,
Sauerstoff, Nahrung
Anregung der Verdauungssäfte
Peristaltik
normale Ausscheidung
normale Gewebeumwandlungen
Ejakulation
Geburt
Anregung des Tränenflusses
Ausdruck und Emotion
Enthusiasmus
Kreativität

Pitta

alle Umwandlungen in Geist und Körper
Aufnahme und Verarbeitung der Nahrung
Erhalt der Körpertemperatur
Entstehung von Hunger und Durst
Glanz von Augen und Haut
Sehvermögen
Erfassen von Sinneseindrücken
Verarbeitung von Gedanken
Wiedererkennung
Unterscheidung
intellektuelle Fähigkeiten, Auffassungsgabe
Urteilsvermögen
Selbstzufriedenheit
Fröhlichkeit

Kapha

Schutz (z.B. Schutzschicht des Magens)
Öligkeit
Befeuchtung (z.B. Gelenksflüssigkeit)
Beständigkeit
Schwere im Körper
Weichheit im Körper
Verteilung von Hitze

Stärke und Widerstandskraft
Langlebigkeit von Zellen und der Person
Schlaf
Langzeitgedächtnis
Erdverbundenheit und Sicherheit
Mitleid
Besitzgier

Bestimmen Sie Ihre Konstitution

Die Schaubilder auf den folgenden drei Seiten sollen Ihnen helfen, Ihre Konstitution zu bestimmen. Sehen Sie sich die Einträge der linken Spalte an und überlegen Sie, ob Sie für dieses charakteristische Persönlichkeitsmerkmal Vata, Pitta oder Kapha sind. Sind Ihnen die Vorstellungen von Vata, Pitta oder Kapha noch nicht so geläufig, dann wiederholen Sie die Bestimmung, wenn Sie mehr von den Doshas verstehen. Das Ergebnis wird dann auch genauer werden.

Seien Sie ehrlich und wachsam. Urteilen Sie danach, was Sie sind, und nicht, was Sie gerne sein möchten. Suchen Sie nach Eigenschaften, die von Dauer sind. Hat sich Ihr Gewicht beispielsweise in den letzten 40 Jahre kaum geändert und ist erst kürzlich angestiegen, läßt sich der Zuwachs eher auf Ihren momentanen Lebensstil als auf Ihre Konstitution zurückführen. Bitten Sie einen Freund oder eine Freundin, Ihre Beurteilungen zu prüfen. Lassen Sie sich mit der Beantwortung der Fragen nicht zuviel Zeit, damit nicht unnötige Details Ihr Urteil trüben. Vertrauen Sie den Antworten, die Ihnen nach ehrlichem „In-sich-Gehen" einfallen.

Niemand ist ein reiner Vata-, Pitta- oder Kapha-Typ. Sie werden weitere Einflüsse zu berücksichtigen haben.

Wie werden die Schaubilder ausgefüllt?

- Kopieren Sie sich die folgenden Seiten.
- Markieren Sie jeden Eintrag, der am ehesten widergibt, wie Sie sind oder den größten Teil Ihres Lebens gewesen sind, mit einem Haken. Liegen Sie zwischen zwei Beschreibungen, markieren Sie beide.
- Bemerken Sie einen starken weiteren Einfluß, markieren Sie ihn mit einem Kreuz.
- Punkte, zu denen Sie nichts sagen können, lassen Sie einfach weg.
- Es gibt keine richtigen oder falschen Antworten. Die Angaben sollen Ihnen helfen, Ihre einzigartige Dosha-Kombination zu verstehen.
- Lassen Sie sich Zeit, um die Eigenschaften ausführlich zu erwägen. Behandeln Sie diesen Beurteilungsbogen wie eine Hausaufgabe. Beziehen Sie die Fragen einmal auf Menschen um Sie herum, bevor Sie loslegen. Es wird Ihnen helfen, die Doshas zu erkennen und Ihre eigenen Eigenschaften wahrzunehmen. Denken Sie daran: Alle Beschreibungen sind relativ.

Wie werden Haken und Kreuze ausgewertet?

– Sie sollten in allen drei Spalten Haken und in einigen Spalten Kreuze haben, denn jeder Mensch hat Vata, Pitta und Kapha in seiner Konstitution.

– Zählen Sie in jeder Spalte der vier Beurteilungsgruppen (Körperbau, körperliche Merkmale etc.) die Haken und Kreuze zusammen, wenn Sie mit der Beurteilung fertig sind. Das Dosha mit den meisten Haken sollte Ihr Konstitutionstyp sein.

– Liegen zwei Doshas sehr nahe beieinander, zählen Sie die Zahl der Kreuze unter ihnen aus. Das Dosha, unter dem deutlich mehr Kreuze stehen, kann Ihr Konstitutionstyp sein. Sie können aber auch ein Zwei-Dosha-Typ sein.

– Sind die Summen für alle drei sehr ähnlich und hat keine Spalte wesentlich mehr Kreuze, dann prüfen Sie noch einmal Ihre Antworten unter „Körperbau" und „körperliche Merkmale". Beide Gruppen sind weniger durch Ihren aktuellen Lebensstil beeinflußt. Wiederholen Sie die Beurteilung, wenn Sie mehr Erfahrung im Erkennen der Eigenschaften haben .

Körperbau

	V	P	K
Größe bei der Geburt	klein	durchschnittlich	groß
Größe	außergewöhnlich klein oder groß	mittelgroß	groß und kräftig oder klein und stämmig
Gewicht	gering; Schwierigkeiten zuzunehmen	im Schnitt; keine Probleme zuzu- oder abzunehmen	schwer; hat Probleme abzunehmen
Körperbau	leicht, Hüften und Schultern schmal	durchschnittlich	breite Schultern, ausladende Hüften
Gelenke	hervorstehend, knochig	normal; wohl-proportioniert	groß; gut geformt und geschmiert
Muskulatur	schwach, markante Sehnen	mittel; fest	gut ausgeprägt, kompakt
Haken Kreuze	Summe Summe	Summe Summe	Summe Summe

Körperliche Merkmale

	V	P	K
Haut	dünn, trocken, dunkel. kühl	hell, weich glänzend, warm; Sommersprossen und Leberflecken	dick, fettig, bleich oder weiß, kühl
Haare	dünn, dunkel, grob, gekräuselt oder gelockt	fein, weich, blond oder rötlich	voll, dick, gewellt, glänzend, im allgemeinen braun
Gesichtsform	lang, eckig, oft mit unterentwickeltem Kinn	herzförmig, ausgeprägtes Kinn	groß, gerundet, voll
Hals	dünn, sehr lang oder sehr kurz	gut proportioniert, durchschnittlich	massiv, stämmig
Nase	schmal, gekümmt oder asymmetrisch	gerade, spitz; mittelgroß	groß, gerundet
Augenform	schmal, klein, stehen eng oder liegen tief	durchschnittlich	groß, hervortretend
Augenfarbe	dunkelbraun oder grau	hellblau oder grau, haselnußbraun	blau oder hellbraun
Glanz der Augen	matt	intensiv	anziehend
Zähne	unregelmäßig, vorstehend, Parodontose	mittelgroß, gelblich	weiß, groß; gutes Zahnfleisch
Mund	schmal Parodontose	mittel	groß
Lippen	dünn, schmal	durchschnittlich	kräftig, voll
Haken Kreuze	Summe Summe	Summe Summe	Summe Summe

Körperliche Funktionen

	V	P	K
Schwitzen	kaum	heftig; besonders wenn es heiß ist. Deutlich saurer, fleischiger Geruch.	mäßig, aber ständig, selbst ohne Anstrengungen
bevorzugte Temperaturen	verlangt nach Wärme	liebt Kühle	haßt Kälte
Schlaf	leicht, unregelmäßig	tief, aber kurz	tief, schläft viel

Körperliche Funktionen (Fortsetzung)

	V	P	K
Stuhlgang und Ausscheidungen	unregelmäßig, neigt zu Verstopfung; harte, trockene Stühle	regelmäßig; lockere Stühle	langsam, viel und schwer
Aktivitätsniveau	ständig beschäftigt, unruhig	mäßig	gemächlich
Durchhaltevermögen	verbraucht schnell seine Energie	geht gut mit seiner Energie um	gutes Stehvermögen
sexuelle Erregbarkeit	intensiv; verausgabt sich schnell; Phantasie	Begehren und Wünsche passen zusammen	langsam; dann hält die Leidenschaft an
Fruchtbarkeit	niedrig	durchschnittlich	gut
Sprache	spricht schnell	genau, klar, deutlich	langsam, kann ange-strengt wirken
Haken Kreuze	Summe Summe	Summe Summe	Summe Summe

Psychologische Gesichtspunkte

	V	P	K
Denken	oberflächlich, mit vielen Ideen; mehr Gedanken als Taten	genau, logisch; plant voraus und führt Pläne aus	ruhig, langsam, kann nicht getrieben werden; guter Organisierer
Gedächtnis	schlechtes Langzeit-gedächtnis	gut, schnell	gutes Langzeitgedächt-nis, lernt langsam
Überzeugungen	wechselt sie häufig ent-sprechend der neuesten Mode	sehr starke Überzeugun-gen; können das Verhal-ten steuern	Glaube ist tief und dau-erhaft; lassen sich nicht leicht verändern
emotionale Tendenzen	ängstlich, furchtsam, unsicher	zornig, rechthaberisch	habgierig, besitzergreifend
Arbeit	kreativ	intellektuell	sorgen für andere
Lebensstil	sprunghaft	umtriebig; aber plant, um viel zu erreichen	regelmäßig verfällt in einen Trott
Haken Kreuze	Summe Summe	Summe Summe	Summe Summe

Teil 2

Der gesunde und der kranke Körper

Der gesunde Körper

दोषधातुमला मूलं सदा देहस्य............ ।

*Doshas, Dhatus (Gewebe) und Malas (Ausscheidungsprodukte) bilden
die Grundlagen (Ursachen, wichtigste Bestandteile, Hilfen) für das
Sein des Körpers (während der Lebensspanne).*
(Astanga Hrdayam, Kapitel 11:1)

Nach Ansicht des Ayurveda spiegeln sich alle Aspekte der
Schöpfung in jedem von uns wider. Jeder Teil enthält, wie
ein Hologramm, das Wissen des Ganzen: im Bild des
Größeren wiederholt sich das Kleinere. Das Universum ist
der Makrokosmos, in den die Menschen, der Mikrokos-
mos, eingebettet sind.

Alle Materie, auch unser Körper, besteht nach Sankhyas Philosophie (siehe Seite 18-21) aus den fünf fundamentalen Elementen. Aufbau und Funktion unseres Körpers werden genauso in den Begriffen der drei Doshas
erfaßt wie unsere emotionalen und geistigen Prozesse.

In einem gesunden Körper wirken die Doshas zusammen, um kräftige, gesunde Gewebe zu bilden sowie für
eine gute Aufnahme, Verarbeitung und Ausscheidung der
Nahrung zu sorgen. Befinden sich die Doshas im Gleichgewicht, sind Körper und Geist in Harmonie; das führt zu
emotionaler Stabilität und fördert die geistigen Fähigkeiten.

Um Ayurveda richtig anzuwenden, sollten Sie verstehen, wie Vata, Pitta und Kapha in Ihrem Körper zusammenwirken und wie sie durch äußere und innere Einflüsse
beeinflußt werden. Einflüsse dieser Art sind Ihr Stoffwechsel, Ihre Ernährung und Ihr Handeln, Ihr Denken
und Fühlen sowie das Klima und die Umgebung, in der Sie
leben und arbeiten. Wie diese Einflüsse mit Krankheit
oder fehlender Gesundheit zusammenhängen, werden Sie

verstehen, wenn Ihnen die Aufgabe von Vata, Pitta und Kapha im gesunden Körper deutlich geworden ist.

In erster Linie werden im Ayurveda die Aufgaben und Abläufe bei der Verfeinerung von Körpersubstanz beschrieben. Dazu gehört auch ein feines Netz aus Energiekanälen, sogenannten Nadis, die den Meridianen in der chinesischen Medizin vergleichbar sind.

VPK im Köper

Für einen gesunden Körper sind zwei Aspekte der Doshas besonders wichtig: Da ist zunächst, und als Wichtigstes, Ihre Konstitution – jenes einzigartige Gleichgewicht der Doshas in Ihrem Körper (siehe Seite 38 - 41). Das zweite sind die normalen Dosha-Funktionen (siehe Seite 37) sowie die Körperregionen, zu denen die Doshas eine besondere Beziehung haben (siehe Seite 46 - 47).

Erinnern Sie sich an die Eigenschaften der Doshas (auf den Seiten 30 - 31), wenn Sie die Aufgaben von Vata, Pitta und Kapha im Körper untersuchen. Dies wird Ihnen den Aufbau des Ayurveda verdeutlichen. Vielleicht kommt Ihnen einiges fraglich und unvereinbar vor, aber eine offene, hinterfragende Einstellung wird Ihnen weitere Einsichten ermöglichen.

Widerstehen Sie zu diesem Zeitpunkt der Versuchung, bereits Rückschlüsse auf Ihre Gesundheit zu ziehen. Um ayurvedisch denken zu lernen, müssen Sie erst noch ein tieferes Verständnis erlangen. Wie bei jeder neuen Fähigkeit fangen Sie zunächst mit den Grundlagen an, und Ihre Fähigkeiten wachsen dann mit der Praxis der Beurteilung, welche Bestandteile für Sie und Ihren Körper am wichtigsten sind. Sie kennen Ihren Körper ja bereits und können so lernen, Ihre körperlichen und emotionalen Zustände zu den Eigenschaften der Doshas in Beziehung zu setzen. Es erfordert Beobachtung und Erfahrung, Ihren Körper nach den Eigenschaften der Doshas einzuschätzen, denn diese sollten im Zusammenhang mit Ihrer Seele, Ihrem Geist, Ihrem Körper und Ihrer Umgebung verstanden werden. Aus einem Element alleine dürfen also keine Rückschlüsse gezogen werden.

Die Elemente im Körper
Vata (Luft / Äther) liegt vor allem in der Bewegung und im Raum. Der Stoffwechsel und seine Ausscheidungen sind mit Pitta (Feuer / Wasser) verbunden. Kapha (Wasser / Erde) gibt dem Körper Struktur und Festigkeit.

Äther	*alle Hohlräume, z.B. die Bauchhöhle*
Luft	*Bewegung, Atmung*
Feuer	*Enzmye, Hormone*
Wasser	*flüssige Bestandteile, z.B. Lymphe*
Erde	*feste Gewebe*

Es scheint zunächst zweifelhaft, Teile des Körpers in das VPK-System einzuordnen. Lassen Sie sich auf diese Widersprüche ein, denn in ihnen kommen die verschiedenen Stufen im Verständnis des Ayurveda zum Ausdruck. Knochen können beispielsweise dem Erdelement zugeordnet werden, denn sie geben dem Körper Aufbau und Halt. Sie sind aber auch ein Nebenaspekt des Vata, wie Sie auf Seite 47 sehen werden: Knochen sind pörös, und die Luft in ihnen wird dem Äther zugeordnet, einem Vata-Element.

Der Sitz von Vata, Pitta und Kapha

Die Doshas gehören als unterschiedliche Erscheinungsformen einer Energie immer zusammen. Jedes Dosha ist jedoch mit einem bestimmten Körperteil verbunden, einem Ort, an dem es überwiegend vorherrscht. Zunächst hat jedes Dosha einen Hauptsitz in einem Teil des Verdauungstraktes. Die wichtigste Aufgabe dieses Ortes besteht darin, die kleinen täglichen Veränderungen der Doshas abzufangen, ohne die Funktion des Körpers nachhaltig zu stören. Über den Verdauungstrakt werden die kleinen „Überschüsse" eines Doshas (siehe Seite 62-63) festgehalten und ausgeschieden. Häufen sich an diesem Ort allerdings solche Überschüsse an, sind dies die Anfänge eines Krankheitsgeschehens (siehe Seite 68).

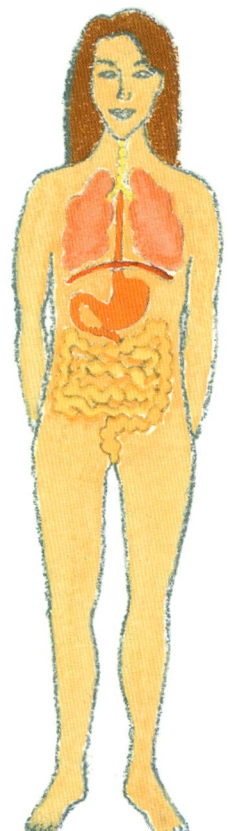

Sitz der Doshas

Der Hauptsitz jedes Dosha ist der Verdauungstrakt.

Kapha

Im Magen und auch in der Lunge sitzt Kapha.

Vata

Im Dickdarm sitzt Vata.

Pitta

Im Magen und im Dünndarm sitzt Pitta.

Nebensitze

Neben seinem Hauptsitz hat jedes Dosha eine besondere Beziehung zu Nebensitzen (siehe unten), die eng mit seiner Wirkweise zusammenhängen. So ist beispielsweise das Nervensystem ein Nebensitz des Vata, das ja für die Bewegungen des Körpers verantwortlich ist. Mit Pitta sind Gallenblase und Galle verbunden. Eine Aufgabe des Kapha ist auch die Befeuchtung, die wiederum in Beziehung zur Gelenkflüssigkeit steht.

Kapha

Schleimhäute

Plasma und Lymphe

Zytoplasma (in Zellen)

weiße Hirnsubstanz

Gelenke (Membran und
Gelenkflüssigkeit)

Unterhautfettgewebe

Mund

Nase

alle Absonderungen,
z.B. Schleim, Speichel

Vata

Beckenraum

unterer Rücken

Oberschenkel

Knochen

Ohren

Haut

Nervensystem

Hohlräume,
z.B. Gehörgang

Pitta

Leber

Milz

Gallenblase

Blut

Schweiß

Augen

endokrine Drüsen,
z.B.Hypophyse

Agni

Agni begleitet nach ayurvedischer Vorstellung Veränderungen und Verfeinerungen in Körper und Geist vom Dichten zum Feinstofflichen. Ein Beispiel für solch eine Veränderung ist die Verdauung, also die Aufnahme der Nahrung in den Verdauungstrakt und ihre Umwandlung in den Zellen. Ein zweites Beispiel ist die Verarbeitung von Sinneswahrnehmungen sowie geistiger oder emotionaler Erfahrungen. Agni umfaßt also chemische Abläufe ebenso wie die Veränderungen in Körper und Geist. Mit anderen Worten ist Ihre Fähigkeit zu „verdauen" auf allen Ebenen mit der Kraft Ihres Agni verbunden.

Agni und Pitta sind eng miteinander verbunden. Beide sind heiß und leicht, aber die weiteren Eigenschaften des Agnis sind feinstofflich und trocken. In seinem Buch „Ayurveda: Die Wissenschaft der Selbst-Heilung" schreibt Dr. Vasant Lad: „Pitta enthält jene, die Verdauung unterstützende Hitzeenergie. Diese Hitzeenergie ist Agni." Ihre körperliche Kraft ebenso wie die Fähigkeit des Körpers, Krankheiten zu widerstehen, sind Abkömmlinge dieser Hitzeenergie. Sie bestimmt auch die Stoffwechselprozesse des Körpers.

Für die Gesundheit ist ein ausgeglichenes Agni lebenswichtig. Im Ayurveda werden Störungen im Agni als eine der Hauptursachen von Krankheiten angesehen (siehe Seite 76 - 77). Auf der Suche nach der richtigen Ernährung sollten Sie Ihre Verdauungskräfte mit berücksichtigen (siehe Seite 130 - 165).

Abhängig von Wandlung oder Änderung werden im Ayurveda verschiedene Agnis in Körper und Seele beschrieben. Das wichtigste Agni ist das „Verdauungsfeuer". Es ist verantwortlich für die Verdauung unserer Nahrung und ihrer Umwandlung in für den Körper verwertbare Substanzen. Dieses Agni hängt einerseits eng mit der Salzsäure in unserem Magen und andererseits mit den im Magen, im Zwölffingerdarm und im Dünndarm freigesetzten Enzymen und Verdauungssäften zusammen. Ist das Verdauungsfeuer schwach, wird auch die Verdauungskapazität beeinträchtigt sein: Schweregefühl und Unwohlsein nach dem Essen, Blähungen und Aufstoßen, Verstopfung oder breiige Stühle sind die Folge (siehe Seite 76 - 77).

Der Verdauungsvorgang

Für Ihre Gesundheit ist eine gute Verdauung elementar. Daher sollten Sie Ihre Verdauung verstehen und entsprechend Ihrem Agni, also Ihren Verdauungskapazitäten, essen. Das Gegenteil einer guten Verdauung – keine oder unvollständige Verdauung – führt zu Ama (siehe Seite 77) und zur Störung eines oder mehrerer Doshas. Dies ist nach ayurvedischer Vorstellung eine der wichtigsten Krankheitsursachen.

Meist denken wir an unsere Verdauungsorgane nur, wenn wir Unwohlsein verspüren. Verdauung hat in Ihrem Körper die Bedeutung von „kochen", also der Umwandlung von Nahrung in eine für den Körper verwertbare Form. Ihr Körper nutzt die völlig verdaute, aufgenommene und umgewandelte Nahrung, um daraus kräftige und gesunde Körpermasse aufzubauen (siehe Seite 56 - 57).

Von der Stärke Ihres Agni hängt, das wurde bereits deutlich, Ihre Fähigkeit zu verdauen ab. Mangelhafte Verdauung führt zu mangelhafter Aufnahme oder zur Aufnahme von unverdauten bzw. unverdaulichen Teilen der Nahrung. In der Folge bildet sich Ama: Kanäle verstopfen, Gewebe entzündet sich und Doshas geraten durcheinander. Ein deutliches Zeichen für mangelhafte Nahrungsaufnahme sind Zahneindrücke auf beiden Seiten der Zunge.

Die Verdauung beginnt bereits im Mund. Geschmackskörperchen und Geruchsrezeptoren werden von der Nahrung angeregt. Auf dem Weg über das Gehirn beeinflussen diese Wahrnehmungen, wieviele und welche Verdauungssäfte von Magen und Dünndarm freigesetzt werden. Durch Kauen wird die Nahrung zerkleinert und mit Speichel versetzt. Je dünnflüssiger der Mundinhalt beim Schlucken ist, desto besser: Die Teile sind kleiner und haben daher eine größere Oberfläche, an der die Verdauungssäfte wirksamer angreifen können. Die erste Verdauungsstufe ist mit Kapha und guterkaute Nahrung mit süßem Geschmack verbunden (siehe Seite 52 - 55).

In Ihrem Magen wird der Nahrungsbrei dann mit Verdauungsenzymen und Salzsäure vermischt, die das „Feuer" der Verdauung in Gang bringt. Hier beginnt das Pitta mit der Umwandlung: etwas von außen Kommendes wird

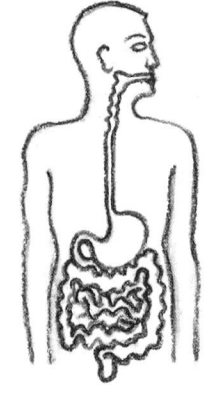

Schmerzen während der Verdauung

Die einzelnen Stadien der Verdauung lassen sich demnach Vata, Pitta und Kapha zuordnen. Spüren Sie nach dem Essen Schmerzen, notieren Sie sich den genauen Zeitpunkt. Schmerzen, die kurz nach dem Essen auftreten, wenn die Nahrung also noch im Magen ist, deuten beispielsweise auf ein Kapha-Ungleichgewicht hin.

zu einem inneren Bestandteil von Ihnen. Wie lange die Nahrung im Magen verweilt, hängt von individuellen Gegebenheiten ebenso ab wie von Beschaffenheit und Menge der aufgenommenen Nahrung.

Im Dünn- und Dickdarm führen Galle und andere Enzyme den Verdauungprozeß fort. Sie wandeln die Nahrung um und bereiten sie für die Aufnahme in den Körper vor. Ist diese Aufnahmekapazität geschwächt, erhält Ihr Körper nicht alle Nährstoffe aus der Nahrung. Eine einfache, leicht verdauliche Ernährung, erleichtert jedoch diesen Aufnahmevorgang. Die Verdauung in Magen und Dünndarm ist mit dem sauren und salzigen Geschmack des Pitta verbunden (siehe Seite 52 - 55); das entspricht der Freisetzung von Enzymen und Galle. Scharf ist der vorherrschende Geschmack während eines späteren Stadiums der Verdauung im Ileum.

Im Darm werden vor allem Wasser, Kalzium und andere Mineralien und, nach ayurvedischer Vorstellung, auch die Lebenskraft Prana aufgenommen. Prana beziehen wir aus dem Atem und der Nahrung. Das Prana der Nahrung füllt die Körperreserven mit dieser unentbehrlichen Lebensenergie auf. Regelmäßiges Essen von ausgelaugten oder zu stark aufbereiteten Nahrungsmitteln mit unzureichendem Prana senkt also Ihre Lebensenergie und macht müde. Endstufen der Verdauung sind mit Vata und bitterem und zusammenziehendem Geschmack verbunden.

Der letzte Teil des Verdauungsprozesses ist der regelmäßige und vollständige Stuhlgang. So wird das Verdauungssystem auf die weitere Aufnahme von Nahrungsmitteln vorbereitet.

Agni
Übertragen kann Agni mit „Feuer" übersetzt werden, und Feuer verwandelt alles, was es verbrennt.

Forderungen der Verdauung
Früchte sollten nicht mit Nahrungsmitteln zusammen gegessen werden, die an die Verdauung andere Anforderungen stellen. So sollten Sie Melonen nicht mit anderen Nahrungsmitteln zu sich nehmen, da die Früchte den Magen schneller passieren.

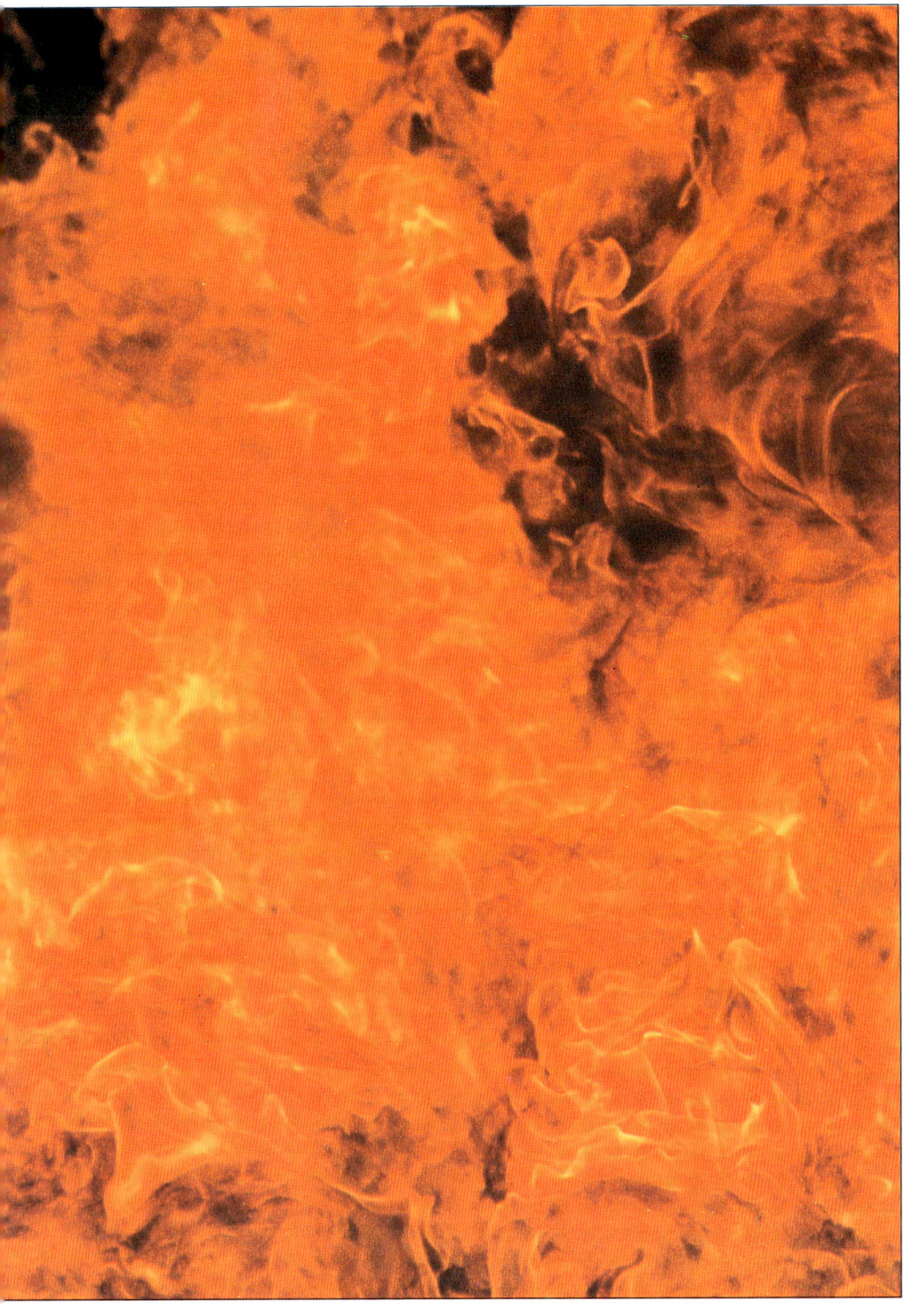

Die drei Stadien der Verdauung

Die Verdauung von Nahrung wird im Ayurveda nach den Wirkungen auf den Körper in drei Stufen eingeteilt. Es sind die „Sofortwirkung" oder die Geschmacksrichtungen, die „energetischen Wirkungen" mit mittlerer Zeitdauer und die Langzeitwirkungen „Nach-der-Verdauung".

„Geschmack" hat im Ayurveda eine erweiterte Bedeutung, die sich nicht auf die Wahrnehmungen der Zunge beschränkt. Es gibt sechs Geschmacksrichtungen: süß, sauer, salzig, scharf, bitter und zusammenziehend (siehe Seite 54-55). Zu diesen sechs Geschmacksrichtungen gehören auch die Wirkungen, die Substanzen und Erfahrungen auf den Körper haben; und sie stehen in Beziehung zu den fünf fundamentalen Elementen (siehe Tabelle unten). Deutlich werden Sie die inneren Zusammenhänge – vermittelt von Elementen, Doshas und Geschmacksrichtungen – zwischen der Verdauung, der Nahrung und Ihrem körperlichem, geistigen und emotionalen Wohlbefinden erkennen.

Speisen oder Getränke rufen auf Ihrer Zunge als Sofortwirkung eine sinnliche Geschmackswahrnehmung hervor. Die Wahrnehmung wird aber als Teil des Essenden, nicht als Bestandteil der Nahrung aufgefaßt.

Geschmack und die Elemente
Jede der sechs Geschmacksrichtungen ist aus zwei Elementen zusammengefügt. Die Doshas, die Verdauung und die Körpergewebe werden vom Geschmack entweder gestärkt oder geschwächt. Der süße Geschmack beispielsweise (Erde / Wasser) hebt Kapha an, verlangsamt die Verdauung und steigert das Gewicht.

Die Verbindung von Geschmack und Elementen

Geschmack	Elemente	Wirkung auf das Dosha			Energie	NDV*
		Vata	Kapha	Pitta		
süß	Erde & Wasser	B	V	B	K	süß
sauer	Feuer & Erde	B	V	V	H	sauer
salzig	Wasser & Feuer	B	V	V	H	süß
scharf	Feuer & Luft	V	B	V	H	scharf
bitter	Luft & Äther	V	B	B	K	scharf
zusammenziehend	Luft & Erde	V	B	B	K	scharf

B= beruhigt   V=verstärkt   K= kühlt   H= erhitzt *NDV=Nach der Verdauung

Ihre Geschmackswahrnehmung wird von vielerlei Dingen beeinflußt: Ihren Eßgewohnheiten, Ihren Dosha-Vorlieben, den Geschmacksrichtungen, die Ihr Körper braucht, und davon, was Sie als letztes konsumiert haben.

Auch die „Energie" der Nahrung hat Einfluß auf den Verdauungsvorgang, den sie – wie folglich den ganzen Körper – beschleunigt oder verlangsamt. Die energetische Wirkung ist entweder erhitzend oder kühlend. Nahrungsmittel mit erhitzender energetischer Wirkung sind leichter verdaulich, erhöhen Pitta und haben auf Kapha und Vata eine beruhigende Wirkung. Umgekehrt sorgen Nahrungsmittel mit kühlender energetischer Wirkung für eine langsamere, schwerere Verdauung, sie senken Pitta und lassen Kapha und Vata ansteigen.

Salzige, saure und scharfe Nahrungsmittel wirken erhitzend und helfen der Verdauung, wenn sie nicht im Übermaß genossen werden. Süße, bittere und zusammenziehende Geschmacksrichtungen kühlen und verlangsamen die Verdauung.

Nach der Verdauung entfalten die Substanzen im Körper ihre Langzeitwirkungen. Diese können entweder anabolischer (vermehren das Gewebe und so das Gewicht) oder katabolischer (bauen ab oder erschöpfen Gewebe) Natur sein, und sie lassen sich in die drei Kategorien süß, sauer und scharf einteilen, die sich auf ihre körperliche Wirkung und nicht auf ihren Geschmack auf der Zunge beziehen. Nahrungsmittel mit süßem oder salzigem Geschmack vermehren das Gewebe, während scharfe, bittere und zusammenziehende Geschmacksrichtungen eine scharfe und austrocknende Wirkung haben.

Besondere Wirkungen

Einige in der ayurvedischen Medizin angewandte Kräuter und Substanzen fügen sich nicht den Regeln über Geschmack, Energetik und Wirkungen nach der Verdauung. Sie haben ihre eigenen Eigenschaften und Wirkweisen, oder auch Prabhava im Sanskrit, die durch langen Umgang mit ihnen bekannt sind. Die Vielseitigkeit der ayurvedischen Kräuterheilkunde liegt in den genauen Kenntnissen dieser Regeln und des Prabhava der Substanzen begründet.

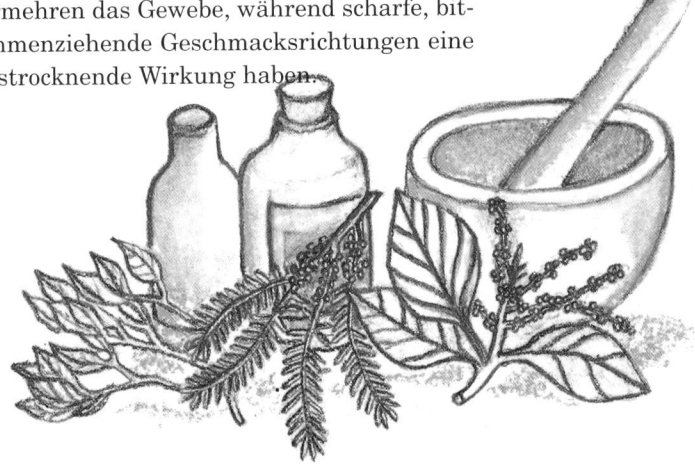

Die sechs Geschmacksrichtungen

Im Sanskrittext *Astanga Hrdayam* werden die Charakteristika der sechs Geschmacksrichtungen und die Probleme beschrieben, die der gewohnheitsmäßige starke Verbrauch von Nahrungsmitteln einer bestimmten Geschacksrichtung hervorruft. Die meisten Nahrungsmittel sind Kombinationen von zwei oder mehr dieser Geschmacksrichtungen, so ist beispielsweise Kaffee bitter und scharf.

Saurer Geschmack

Erhöht P und K · stimuliert Agni · gut für Herz und Verdauung · im Beckenbereich sitzende Vata-Energie wird nach unten transportiert und abgeführt · reizt die Zähne und führt zu Speichelfluß · Genuß im Übermaß führt zu Durchfall, Verlust von Spannkraft, Schwindel, Hautjucken, Reizbarkeit, einer weißlich-gelben Blässe, Bläschenausschlag, Schwellungen, Durst, Fieber und Krankheiten, die auf ein Übermaß an Pitta oder Kapha zurückzuführen sind.

Süßer Geschmack

Beruhigt P und V · kräftigt das Gewebe · wertvoll für alte, ausgezehrte oder verwundete Menschen und für Kinder · allgemein beliebt, klebt im Mund und hinterläßt ein zufriedenes und glückliches Gefühl · gut für Teint, Haare, Sinne, Ojas · vermehrt die Muttermilch · fügt Zerbrochenes wieder zusammen · verlängert das Leben und unterstützt Lebensvorgänge · Übermäßiger Genuß kann zu Krankheiten führen, die von zuviel Fett oder Kapha herrühren, wie Verstopfung, Verdauungsstörungen, Unkonzentriertheit, Diabetes oder bösartige Tumoren.

Salziger Geschmack

Erhöht P und K · hebt Blockaden der Kanäle und Poren auf · fördert die Verdauung und regt Speichelfluß an · befeuchtet und führt zum Schwitzen · durchdringt die Gewebe · Übermäßiger Genuß führt zu Kahlköpfigkeit, Ergrauen des Haares, Falten, Durst, Hautkrankheiten, Blutstörungen, Bläschenbildung, Verlust der körperlichen Spannkraft, Schwäche.

Scharfer Geschmack

Erhöht V und P, beruhigt K · wirkt appetitanregend, ist ver-
dauungsfördernd und verbessert den Geschmack · verursacht Reizbarkeit und fördert Absonderungen aus Augen,
Nase, Mund und hinterläßt ein brennendes Gefühl im
Mund · Zwiebeln, Knoblauch und Chili sind scharfe Nahrungsmittel · entzieht der Nahrung Feuchtigkeit · macht
Hartes weich, öffnet die Kanäle · Übermäßiger Genuß verursacht Durst, erschöpft Geschlechtsgewebe und Kraft,
führt zu Blässe, Muskelkräpfen, Zittern, Schmerzen im
Bauch und im Rücken und zu anderen Störungen, die auf
ein Übermaß an Vata oder Pitta zurückzuführen sind.

Bitterer Geschmack

Beruhigt P und K · nicht sehr beliebt · entzieht
Urin, Fett, Muskeln, Kot Feuchtigkeit · reinigt
den Mund, stört die Geschmackswahrnehmung ·
zu den bitteren Kräutern und Gewürzen gehört
auch der Bockshornklee · soll heilende Wirkung
bei Magersucht, Würmern, Bakterien, Parasi-
ten, Durst, Hautkrankheiten, Bewußtlosigkeit,
Fieber, Schwindel und Verbrennungen haben ·
übermäßiger Genuß erhöht das Vata, verursacht Krankheiten mit Vata-Ursprung und
erschöpft die Gewebe.

Zusammenziehender Geschmack

Erhöht V · beruhigt erhöhtes P und K · blutreinigend ·
trägt zur Heilung von Geschwüren bei · trocknet Feuchtigkeit und Fett · entzieht Wasser und verursacht Verstopfung und Trockenheit · behindert die Verdauung von
unverdauten Nahrungsmitteln · mindert die
Geschmackswahrnehmung · unreife Bananen, Granatäp-
fel und Kichererbsen gehören zu den zusammenziehen-
den Nahrungsmitteln. Übermäßiger Genuß verursacht
einen Stau aus unverdauter Nahrung, Blähungen,
Schmerzen in der Herzgegend, Auszehrung, Impotenz,
Blockade der Kanäle und Verstopfung.

Die sieben Gewebe (Dhatus)

Dhatu bedeutet wörtlich „unterstützen" oder „nähren". Dhatus regen das Wachstum des Körpers an, geben ihm seine Struktur und versorgen ihn mit Nahrung. Im Ayurveda gibt es sieben Dhatus mit Haupt- und Nebenprodukten. Breitgefaßt sind diese Dhatus Plasma und Lymphe, Blut, Muskulatur, Fett, Knochen, Knochenmark und Nervengewebe sowie Geschlechtsorgane. Diese Beschreibungen sind nicht ganz zutreffend, da sie den originalen Sanskritbegriffen nicht entsprechen. Das Blut-Dhatu beinhaltet beispielsweise noch die Blutgefäße und alle mit dem Blutsystem verbundenen Gewebe.

Die Produkte der Dhatus sind Gewebe oder Substanzen, die entweder im Körper verwendet, oder, nachdem sie ihre Aufgabe erfüllt haben, von ihm ausgeschieden werden. Die Menge und die Eigenschaften dieser Bestandteile geben wichtige Informationen über den Zustand der Dhatus sowie der Doshas. Eine spärliche weibliche Regel ist für den erfahrenen Ayurveda-Therapeuten ein Zeichen für einen Überschuß an Vata, welches das erste Dhatu (Plasma und Lymphe) angegriffen hat. Jedes Dhatu, oder auch Gewebe, hat sein eigenes Agni (siehe Seite 48), das den Enzymen und anderen Substanzen gleichzusetzen ist, die gebraucht werden, um das Gewebe aufzubauen.

Wie die Gewebe entstehen

Um die Bildung der Dhatus zu erklären, ist der Vergleich mit sieben zusammenarbeitenden Fabriken hilfreich (siehe rechts): Jede stellt neben ihrem eigenen Gewebetypus auch das „Ausgangsmaterial" für die nächste Fabrik her.

Das Endprodukt der sechsten Fabrik ist also sehr verfeinert, weil das Rohmaterial bereits eine Reihe von Verarbeitungsschritten durchlaufen hat. Nachdem die erste Fabrik ihr Ausgangsmaterial bekommen hat, vergehen viele Tage, bis das Endprodukt die siebte Fabrik verläßt. Jede Fabrik ist in diesem System von der vorherigen abhängig. Ist in einer Fabrik der Herstellungsprozeß gestört, leidet die Menge oder die Qualität des Produkts. Und dies wirkt sich wiederum auf die Arbeit der noch folgenden Fabriken aus.

Ojas

In alten Schriften liest man, es gäbe acht Tropfen Ojas im Herzen. Ojas ist eine feinstoffliche Substanz an der Grenze zwischen Geist und Körper. Sie erhält das Leben und könnte deshalb dem Immunsystem gleichgestellt werden. Sie ist gleichbedeutend mit Lebensenergie und körperlicher Stärke, aber im Westen gibt es keine vergleichbare Vorstellung. Wird nur wenig Ojas hergestellt, sind Krankheiten die Folge. Nach der *Charaka Samhita* nimmt das Ojas durch ausgeprägtes Üben, Fasten, Blut- und Samenverlust, Angst, Trauer und Verletzungen ab. Heftige sexuelle Aktivität vermindert Ojas in beiden Geschlechtern. Abnehmendes Ojas zehrt die Menschen aus und beeinträchtigt ihre geistigen Fähigkeiten.

Um effizient arbeiten zu können, erfordert das System Zusammenarbeit und Ausgeglichenheit. Die erste Fabrik stellt aus den Ergebnissen der Nahrungsverwertung Plasma, Lymphflüssigkeit und das Rohmaterial für Blutgewebe her. Die siebte Fabrik stellt Geschlechtsgewebe (Ei- und Samenzellen) und das Ausgangsmaterial für Ojas her (siehe Seite 56).

Die Produktpalette
Jede Fabrik stellt ein bestimmtes Gewebe, oder Dhatu, her. Jeder Herstellungsprozeß (dies sind die Stoffwechselfunktionen der Gewebe-Agnis) erzeugt Haupt- und Nebenprodukte – das Ausgangsmaterial für die nächste Fabrik. Hauptprodukte sind Gewebe, die ohne weitere Verarbeitung direkt verwertet werden. Die Nebenprodukte werden, obwohl sie noch eine Aufgabe haben, abgegeben.

Wie die Dhatus umgewandelt werden

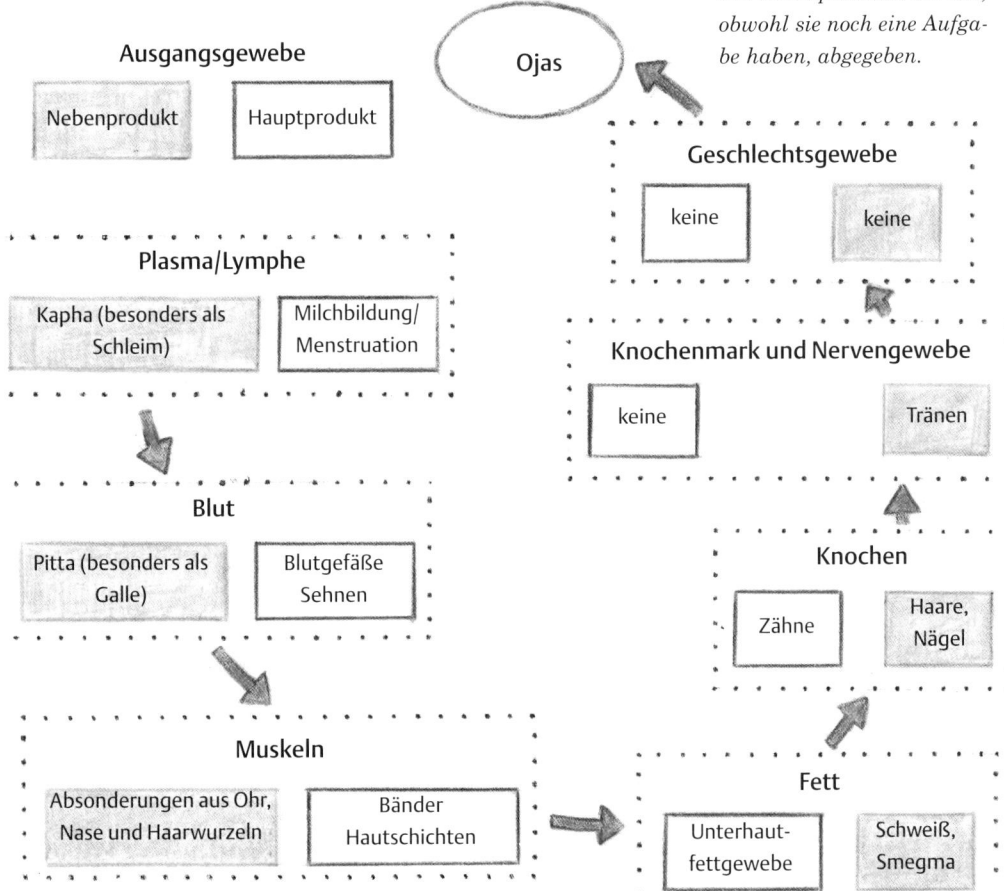

Kanäle

Ein ständiger Strom von Nährstoffen, Gewebeteilen und Abfallprodukten fließt in den, im und aus dem Körper. Im Ayurveda werden viele Kanäle von den großen (z.B. Verdauungstrakt) über die kleinen (z.B. Kapillaren) zu den feineren (z.B. Reizweiterleitung in den Nerven, biochemische Zyklen und Nadis – wie die Meridiane) bis hin zu den Doshas beschrieben. In einem gesunden System funktionieren diese Kanäle einwandfrei und erlauben auf allen Ebenen einen angemessenen Fluß. Werden natürliche Bedürfnisse gewohnheitsmäßig unterdrückt, treten Störungen in den Kanälen auf, der Durchfluß wird verändert (z.B. Verstopfung), es kommt zu Blockaden oder Umleitungen.

Arten von Kanälen

Kanäle, die Nährstoffe aufnehmen

Prana-Kanal	Atmungssystem
Wasser-Kanal	Gaumen, Pankreas, Nieren
Nahrungsmittel-Kanal	Speiseröhre bis Dünndarm

Kanäle, die Gewebe ernähren

Für alle sieben Dhatus je ein Kanal	

Kanäle für die Ausscheidung

Urin-Kanal	Niere und Blase
Kot-Kanal	Grimm- und Mastdarm
Schweiß-Kanal	Fett und Haarfollikel

Der Geist wird ebenfalls als Kanal angesehen; er durchzieht alle Teile des Körpers.

Die Kanäle
Nach ayurvedischer Vorstellung gibt es im Körper 13 Hauptkanäle. Sie sind zuständig für die Aufnahme von Luft, Flüssigkeiten und Nahrungsmitteln, deren Verarbeitung und Ausscheidung (linke Spalte). In der rechten Spalte finden Sie die wichtigsten mit Aufnahme und Abgabe befaßten Organe.

Beziehungen zwischen Organen und Kanälen

Organ	Kanal
Blase	Urin
Gehirn	Nerven, allerdings sind verschiedene Teile mit Kanälen verbunden, die sie anregen oder überwachen.
Brüste	Lymphe (Milch ist einNebenprodukt der Lymphgewebeherstellung)
Gallenblase	Blut (sammelt Galle, ein Abfallprodukt der Blutgewebeherstellung)
Genitalien	Reproduktion
Herz	Lymphe, Blut, Prana und der Kanal des Geistes, der von manchen als der Sitz des Bewußtseins betrachtet wird.
Niere	Wasser, Fett, Urin
Dickdarm	Prana, Kot
Leber	Blut
Lungen	Prana
Bauchspeicheldrüse	Wasser
Dünndarm	Nahrung
Milz	Blut
Magen	Nahrung

Abfallprodukte

Drei Abfallprodukte werden vom Körper ausgeschieden: Urin, Schweiß und Kot. Als Teil eines ausgeglichenen, gesunden Systems kommt diesen Substanzen eine wichtige körperliche Aufgabe zu. Urin unterstützt den Wasserhaushalt, Schweiß hält die Haut feucht und geschmeidig und Kot unterstützt Dickdarm und Körper.

Der Zustand der Abfallprodukte kann durch ein Ungleichgewicht in den Doshas oder ein Verdauungsproblem angezeigt werden. Gesunder Stuhl sollte beispielsweise gut geformt, weich, aber nicht klebrig, bananenförmig und schwebend sein (Stühle, die absinken, deuten auf Ama hin). Er sollte frei sein von unverdauten Nahrungsmitteln (ihre Anwesenheit zeigt ein niedriges Agni an) und weder eine zu dunkle (dies deutet auf ein Vata-Ungleichgewicht hin) noch eine zu gelbliche (ein Pitta-Ungleichgewicht) Färbung haben. Stuhl sollte weiterhin keinen Schleim enthalten (Schleim deutet auf eine Kapha-Störung hin) und keinen unangenehmen Geruch entfalten (Geruch ist ein Zeichen für Ama).

Organe und Kanäle
Die Körperorgane stehen zu den Kanälen und den sieben Dhatus (Geweben), aus denen sie gebildet wurden, in Beziehung. Die Aufgaben der Dhatus als Ganzes werden im Ayurveda sehr betont. Daher kann ein Organ auch zu mehr als einem Kanal in Verbindung stehen.

Das Krankheitsgeschehen

विकारजात विविध त्रीन् गुणान्नातिवर्तते ॥
तथा स्वधातुवैषम्यनिमित्तमपि सर्वदा ।
विकारजात त्रीन्दोषान् ....॥

All die verschiedenen Krankheiten können nicht ohne (unabhängig von) Doshas
bestehen. Selbst durch die Abweichungen der Dhatus (Gewebe) hervorgerufene
Krankheiten können ohne die (Beteiligung von) Doshas nicht sein.
(**Astanga Hrdayam,** *Kapitel 12:32-34*)

Was versteht man im Ayurveda unter guter Gesundheit?
Ihre drei Doshas befinden sich entsprechend Ihrer einzigartigen Konstitution im Gleichgewicht; Ihr Agni ist ausgeglichen – das heißt, Sie haben eine gute Verdauung und
einen guten Stoffwechsel; Ihre sieben Dhatus funktionieren einwandfrei; Sie scheiden Ihre drei Abfallprodukte
richtig aus; Sie haben klare Wahrnehmungen, einen ausgeglichenen Geist und eine zufriedene Seele. Da alle Teile
Ihres Seins miteinander in Verbindung stehen, können
Probleme in einem Bereich Auswirkungen auf anderen
Gebieten nach sich ziehen.

Wir leben in einer sich schnell wandelnden Welt und
müssen mit unseren Erfahrungen leben. Alles in unserem
täglichen Leben hat Eigenschaften, die als Vata, Pitta und
Kapha eingestuft werden können – unsere Nahrung, die
Farben unserer Kleidung, unsere Arbeit, die Menschen,
die wir treffen und unser Umgang mit ihnen, unsere Haltungen und Emotionen, die Jahreszeiten und sogar die
Tageszeit. Ob Sie nun darauf achten oder nicht, diese
Eigenschaften haben Einfluß auf Ihre Doshas. Sie werden
allerdings kaum eine Änderung Ihrer Gesundheit bemer-

ken, wenn die Wirkung dieser Eigenschaften gering und Ihre Doshas im Gleichgewicht sind; denn Ihr Körper wird diese geringen Änderungen in den Doshas auf natürliche Weise an deren Sitz ausgleichen (siehe Seite 46).

Mit einem Übermaß an Eigenschaften dagegen kann Ihr Körper nicht mehr umgehen. Ihr Geist kann keine neuen Erfahrungen mehr annehmen, und Sie brauchen mehr Zeit, um sich auf Veränderungen einzustellen. Auf diese Weise fangen die ersten Schwierigkeiten an. Jetzt ist es an der Zeit, aktiv Schritte unternehmen, die natürliche Harmonie Ihres Seins wieder zurückzugewinnen.

Die ayurvedische Vorstellung des Krankheitsgeschehens ist leicht zu verstehen. Die Doshas sind Energie, und die ausreichende Menge der richtigen Energie zum passenden Zeitpunkt erzielt die richtigen Ergebnisse. Zu viel oder zu wenig Energie oder die falsche, zum ungünstigen Zeitpunkt oder am falschen Ort, und Körper und Geist werden zu leiden haben.

Ihr Dosha-Niveau wird unter einer für Ihre Konstitution unangemessenen Diät oder einem falschen Lebensstil langsam ansteigen. Dieses Niveau kann aber heftigen Veränderungen unterliegen, wenn Sie beispielsweise trauern, einen Unfall erlitten haben, eine Operation verkraften müssen oder das Opfer eines Verbrechens wurden. Wie sich diese Veränderungen auswirken, hängt sehr vom Zustand Ihrer Doshas, Ihres Geistes und Ihres Körpers ab.

Ein entleertes Agni und die Produktion und/oder Anhäufung von giftigen Stoffen in Ihrem Körper können Ihr Dosha-Gleichgewicht stören. Solche Dosha-Ungleichgewichte werden Sie entdecken, wenn Sie lernen, die Eigenschaften der verschiedenen Zeichen Ihres Körpers und Geistes zu verstehen. Zunächst aber sollten Sie Ihr konstitutionelles Gleichgewicht kennen (siehe Seite 38-41), denn jede Verschiebung wird daran gemessen werden.

VPK und die Jahreszeiten
Auch die Jahreszeiten haben unterschiedliche Dosha-Eigenschaften. Und jedes Dosha ist in der Jahreszeit mit ähnlichen Eigenschaften auf natürliche Weise erhöht (siehe auch Seite 150). Während dieser Jahreszeit sollten Sie streng darauf achten, Ihr vorherrschendes Dosha zu beruhigen. Zwischen den Jahreszeiten lassen sich Ihre Doshas auch leichter aus der Fassung bringen.

Ungleichgewicht der Doshas

Bei Ihrer Empfängnis haben Sie eine einzigartige, ausgeglichene Dosha-Kombination – Ihre Konstitution – mit auf den Weg bekommen. Weicht das gegenwärtige Verhältnis Ihrer Doshas von dieser Konstitution ab, sind Ihre Doshas im Ungleichgewicht. Ein solches Ungleichgewicht der Doshas läßt sich in Begriffen wie hoch, niedrig, angestiegen, vermindert, übermäßig, gestört, durcheinandergebracht, losgelöst, verschlimmert beschreiben. Alle Umstände müssen dabei in Betracht gezogen werden, denn die Änderungen in den Dosha-Zuständen sind relativ. Heiße, scharf gewürzte Speisen erhöhen im Prinzip Pitta und vermindern Vata und Kapha, aber Ihr Pitta-Dosha verstärkt sich eben nur, wenn Sie eine übermäßige Menge davon gegessen haben. Dieselben Speisen können Ihnen helfen, wenn Ihr Kapha-Dosha zu hoch ist oder sie Ihr Gleichgewicht bei einer Vata-Konstitution halten wollen.

Alle Ihre Erfahrungen haben Eigenschaften, die wiederum zu den Eigenschaften von Vata, Pitta und oder Kapha in Beziehung stehen. Erfahrungen, die ähnliche Eigenschaften wie das Dosha haben, wirken erhöhend, Erfahrungen mit gegensätzlichen Eigenschaften wirken vermindernd. Dem Dosha entgegengesetzte Eigenschaften können „beruhigend" auf ein erhöhtes Dosha wirken. Aber wie gerät eines Ihrer Doshas ins Ungleichgewicht? Die Antwort ist einfach: Wenn Sie zu viele Eigenschaften eines bestimmten Doshas ohne ausreichende Gegensätze erfahren (siehe Seite 32), die auf die übermäßige Dosha-Energie beruhigend oder mindernd wirken.

Die in Ihrer Konstitution überwiegenden Doshas neigen zum Ansteigen. Dies ist ein Schlüssel zum Verständnis des Ayurveda. Erinnern Sie sich: „Gleiches verstärkt Gleiches". Haben Sie beispielsweise eine Pitta-Konstitution, werden Pitta-Eigenschaften bei Ihnen überwiegen. Sie haben dann eine natürliche Neigung zu Dingen, die ebenfalls Pitta-Eigenschaften haben, und diese werden wiederum Ihre gegenwärtige Pitta-Energie ansteigen lassen. Wenn Sie ein Dosha beruhigen wollen, kann diese anziehende Wirkung gleicher Eigenschaften es psychologisch schwierig machen, dazu gegensätzliche Eigenschaften in Ihren Lebensstil einzubringen.

Chilischoten

Das Pitta-Dosha wird durch Chilischoten erhöht, Vata und Kapha dagegen beruhigt. Ob heiße und scharf gewürzte Lebensmittel Teil Ihrer Ernährung werden sollten, hängt von Ihrer Konstitution, Ihrem gegenwärtigen Dosha-Zustand und der Jahreszeit ab.

Nun stellen Sie sich beispielsweise vor, Ihr Lebensstil beinhalte eine Reihe an Vata-Faktoren (die das Vata ansteigen lassen). Dazu könnte das Leben in einem kalten Klima gehören und eine Arbeit, mit der viele Reisen (vor allem Flüge) verbunden sind, ebenso wie unregelmäßiges oder gewohnheitsmäßiges Essen von Vata anhäufendenen Nahrungsmitteln (siehe Seite 132-143).

Ihre Vata-Energie würde sich nun erhöhen, bis Ihr Dosha übermäßig würde – es sei denn, es gäbe gegensätzliche Eigenschaften in Ihrem Leben. Das Pitta erhöhende Faktoren in Ihrem Lebensstil wären beispielsweise regelmäßige salzige und gewürzte Speisen oder andere Pitta ansammelnde Nahrung, das Leben in einem heißen Klima oder eine anspruchsvolle, herausfordernde Arbeit.

Eine Krankheit ist dann schwer zu behandeln, wenn sie auf ein Übermaß des vorherrschenden Doshas zurückzuführen ist.

Dosha- Ungleichgewicht beurteilen

Wenn Sie wissen, welche Konstitution Sie haben, läßt sich nun beurteilen, ob die Doshas im Gleichgewicht sind. Äußere Anzeichen und Krankheitssymptome in Körper und Geist zeigen an, welches Dosha im Überschuß vorhanden ist. Dadurch können Sie auch das Ungleichgewicht bestimmen. Sollte sich Ihr Zustand als hartnäckig oder chronisch erweisen, ergänzen Sie die Beurteilungen mit dem Fragebogen auf Seite 80.

– Gehen Sie noch einmal die körperlichen und seelischen Teile Ihrer konstitutionellen Beurteilung (Seite 38 - 41) durch, um festzustellen, ob es Änderungen gegenüber Ihrer letzten Beurteilung gegeben hat. Welches Dosha im Übermaß ist, wird sich anhand der Unterschiede zwischen den beiden sorgfältig gemachten Erhebungen zeigen.

– Sollten Sie irgendwelche Verdauungsprobleme, unangenehme Gefühle oder Schlafschwierigkeiten haben, notieren Sie diese und beziehen Sie deren Eigenschaften auf Vata, Pitta und Kapha. Hilfestellungen dazu geben Ihnen die Informationen auf den Seiten 30- 31, 68 - 69, 75 - 77 und 124.

Haben Sie ein Übermaß an Vata, Pitta oder Kapha bei sich festgestellt, sollten Sie Ihren Lebensstil (Seite 84 -129) sowie Ihre Ernährung (Seite 130 - 165) unter die Lupe nehmen und nachforschen, welche Einflüsse in Ihrem Leben zu dem Ungleichgewicht beitragen. Dann können Sie Schritte unternehmen, Ihr Gleichgewicht wiederzuerlangen und der Entwicklung einer Krankheit vorzubeugen.

Welche Umstände stören VPK?

Im Idealfall kennen Sie die Doshas in Ihrem Körper und Leben so, daß Sie Ihr konstitutionelles Gleichgewicht aufrechterhalten. Egal, ob innere oder äußere Umstände ein Ungleichgewicht hervorrufen, je eher Sie das Gleichgewicht wiederherstellen, desto besser. Im dritten Teil des Buches werden Möglichkeiten vorgestellt, die Doshas durch das Prinzip des „Gegensätze wirken senkend" zu beruhigen.

Meist wird das Dosha von einem „Übermaß" eines bestimmten Nahrungsmittels, einer Aktivität oder einer Emotion gestört und das Krankheitsgeschehen auf diese Weise ausgelöst. Wieviel ein „Übermaß" ist, wird von Mensch zu Mensch verschieden sein, ja es wird sogar bei jeden Individuum zu verschiedenen Zeiten seines Lebens unterschiedlich sein.

VPK erhöhen
In der Tabelle auf der gegenüberliegenden Seite sind häufige, die Doshas störende Ursachen aufgelistet. Folgen Sie dem Grundsatz „Gleiches verstärkt Gleiches", und Sie werden sehen, warum einige Ihrer Verhaltensweisen die Doshas erhöhen. Im allgemeinen werden es gewohnheitsmäßige Übertreibungen sein. Ist aber eines Ihrer Doshas bereits erhöht, können Sie möglicherweise selbst auf kleinste Mengen gleicher Eigenschaften empfindlich reagieren.

Negative Einflüsse auf das Wohlbefinden

All unseren Erfahrungen und Lebensumständen wohnen Eigenschaften inne, die Vata, Pitta und Kapha zugeordnet werden können. Umstände, die ähnliche Eigenschaften wie ein Dosha haben, werden es vermehren. Umstände mit gegensätzlichen Eigenschaften werden es verringern.

Ort und Klima
traumatische
Erlebnisse

Alter
Konstitution
Jahreszeit

Unterdrückung natürlicher Bedürfnisse
Lebensstil
Beruf
Mißbrauch des Geistes, unangemessene
Handlungen und Sprache
Ernährung
Verdauung und Stoffwechsel

Immunsystem
Mißbrauch, Über- oder Unterforderung der Sinne
Geist und Emotionen

Faktoren, die VPK erhöhen

Vata	Pitta	Kapha
Kältereize	Hitze	Kälte
unsteter Lebenswandel	Essen von zuviel rotem Fleisch,	Essen von zuviel Süßem, Fleisch,
Essen von zuviel trockener,	salziger, gewürzter oder saurer	Fett, Käse, Milch, Eis, Joghurt,
gefrorener, übriggebliebener,	Nahrung	Gefrorenem
bitterer, scharfer oder zusam-	Verdauungsstörungen und unre-	übermäßiger Gebrauch von Salz
menziehender Nahrung	gelmäßige Mahlzeiten	übermäßiges Trinken von Wasser
Fasten	Sport am Mittag	Weiteressen trotz Sättigung
zuviele Reisen	Arzneimittel, vor allem Anti-	ein Nickerchen nach dem Essen
zuviel oder unangemessener	biotika	kein Sport
Sport	zuviel intellektuelle Arbeit/	Unterforderung der Sinne
Mißbrauch der Sinne	Denken	zuviel Schlaf
zuviel Sex	Alkohol	Nichtstun
Alkohol	Müdigkeit	Beruhigungsmittel und
Unterdrückung natürlicher	Ärger, Haß, Angst vor Versagen	Tranquilizer
Bedürfnisse	und das Unterdrücken dieser	Zweifel, Neid und Besitzstreben,
Operationen in der Bauchgegend	Emotionen	Mangel an Mitgefühl und das
Stimulanzien und andere Drogen	Sommer	Festhalten an diesen
zu wenig Schlaf, spätes		Emotionen
Aufstehen, Nachtarbeit		später Winter und Frühling
die Haut nicht eincremen		
häufige Verstopfung/Klistiere		
Angst, Sorge, Trauer, Furcht		
Herbst und früher Winter		

Gase im Verdauungstrakt

Gase sind ein Hinweis auf mangelhafte Verdauung und die Bildung von *Ama* (siehe Seite 77). Im Darm verhindern sie die Aufnahme von Wasser, Mineralstoffen und Prana. Sie können das Ergebnis einer mangelhaften Verdauung sein, die auf irgendein gestörtes Dosha zurückzuführen ist. Hauptsächlich aber werden sie mit einem Überschuß an Vata in Verbindung gebracht. Ihre Ursachen sind oft ernährungsbedingt, aber sie können auch auf Schlafprobleme, Nervosität, Schockerlebnisse, Sorgen, Streß oder Ärger zurückzuführen sein.

Gase vermeiden und Abhilfe schaffen
- Ernähren Sie sich nach Ihren Dosha-Bedürfnissen und den Eßregeln (siehe Seite 130 - 165).
- Essen Sie nichts, was schwer verdaulich ist oder bei der Verdauung Gase entwickelt.
- Essen Sie nicht zwischen den Mahlzeiten und nicht zuviel auf einmal oder zu später Nachtzeit .
- Lassen Sie dem Magen Zeit, und warten Sie mindestens drei Stunden bis zur nächsten Mahlzeit.
- Vermeiden Sie Süßes, oder nehmen Sie nur kleine Mengen zu sich. Nachspeisen tragen viel zur Gärung und zu den Gasen bei.
- Verwenden Sie kleine Mengen blähungswidriger Kräuter beim Kochen (siehe Seite 158 -159).
- Um die Gase auszuleiten, machen Sie die Übungen Seite 127 und die Bauchmassage (Seite 120).

Gewohnheitsmäßige Unterdrückung natürlicher Bedürfnisse

In der *Charaka Samhita* sind 13 natürliche Bedürfnisse zusammengestellt. Werden sie gewohnheitsmäßig unterdrückt, treten Symptome auf (die unter jedem Bedürfnis stehen). Die Bedürfnisse werden durch Vata bestimmt, und werden sie unterdrückt, sind auch die Symptome die des gestörten Vatas. Solche Symptome können behoben werden, wenn das Vata beruhigt wird und man den natürlichen Bedürfnissen ihren Lauf läßt. Andere Menschen sollten davon allerdings nicht beeinträchtigt werden.

Wasserlassen

mögliche Symptome
Schmerzen in der Blase und den Harnröhre, Schmerzen beim Wasserlassen, Kopfschmerzen und Schmerzen in den Lenden

Windlassen

mögliche Symptome
Stuhlverstopfung, Blähungen, Urinverhaltung, Schmerzen, Erschöpfung und andere Störungen in der Unterleibsregion als Folge überhöhten Vatas

Stuhlgang

mögliche Symptome
kolikartige Schmerzen, Kopfschmerzen, Verstopfung, Blähungen, Wadenkrämpfe

Samenerguß

mögliche Symptome
Schmerzen in Penis und Hodensack, Schmerz in der Herzregion; Harnverhalt, Schmerzen am ganzen Körper

Gähnen

mögliche Symptome
Zuckungen, Verkrampfungen, Zittern

Niesen

mögliche Symptome
Steifheit der Nackenmuskulatur, Kopfschmerzen, Migräne und eine allgemeine Schwäche der Sinnesorgane

Brechreiz

mögliche Symptome
Jucken, Übelkeit, Fieber, Anorexie, Blutarmut und schwarze Flecken im Gesicht, Schwellungen, Hautkrankheiten, Erkältungen und Wundrosen

Aufstoßen

mögliche Symptome
Schluckauf, Zittern,
Kurzatmigkeit

Hunger

mögliche Symptome
Abmagerung, Schwäche,
Schmerzen am ganzen Kör-
per, Schwindel, blasse Haut

Durst

mögliche Symptome
Trockenheit der Kehle und des
Mundes, Hörstörungen, Müdig-
keit, Depression, Herzschmerzen

Schnelles Atmen nach Anstrengungn

mögliche Symptome
Herzerkrankungen, Ohnmachtsanfälle

Tränen

mögliche Symptome
Nasenschleimhautentzün-
dungen und Augenkrank-
heiten, Herzerkrankungen,
Abmagerung, Schwindel

Schlaf

mögliche Symptome
Gähnen, allgemeine Schmerzzustände,
Schläfrigkeit, Nervosität und Augen-
müdigkeit

Vorsicht: Diese Aufzählung weist auf die möglichen
Folgen einer Unterdrückung natürlicher Bedürfnisse
hin. Die Symptome können jedoch auch auf andere
Gründe zurückzuführen sein. Nicht alle Herzkrankheiten
z.B. werden durch mangelhafte Atmung nach Anstrengungen ausgelöst.

Frühe Stadien des Krankheitsverlaufs

Hinter jeder Krankheit steht nach ayurvedischer Auffassung ein Ungleichgewicht der Doshas. Weicht beispielsweise Ihr gegenwärtiger Zustand der Doshas von Ihrer Konstitution ab, tritt ein solches Ungleichgewicht auf. Doshas können auf viele verschiedene Arten gestört sein (siehe Seite 64 - 65). Eine Veränderung oder Anhäufung von Dosha kann auf eine einzige Ursache zurückzuführen sein oder aus der Summe vieler Ursachen entstehen. Die Ursachen können aber auch heftig und plötzlich (wie die überraschende Nachricht vom Tode eines geliebten Menschen) auf die Doshas einwirken.

Die meisten Gründe sind jedoch für sich genommen nur geringfügig, gewinnen aber mit der Zeit an Bedeutung. Sich beispielsweise über viele Jahre hinweg schlecht zu ernähren wird eine langsame Verschiebung im Gleichgewicht der Doshas mit sich bringen. Die Gründe für die

Erstes Stadium: Ansammlung

Zunächst steigt ein Dosha an. Es sammelt sich in seinem Sitz schneller an, als der Körper den Überschuß austreiben kann. Die ersten Anzeichen eines Krankheitsgeschehens müssen Sie nicht unbedingt bemerken, da sie Unwohlsein hervorrufen, wegen dem keine therapeutische Hilfe aufgesucht wird. Ein gewisses Maß an Unwohlsein wird von vielen Menschen als Teil ihres Lebens oder „ihres Alters" akzeptiert.

Zweites Stadium: Aufbruch

Wird die Ansammlung nicht im ersten Stadium gestoppt, verläßt das im Übermaß vorhandene Dosha seinen Sitz im Verdauungstrakt (siehe Seite 46). Die Anzeichen eines verschlimmerten Doshas werden deutlich spürbar (siehe S. 69).

Drittes Stadium: Ausbreitung

Das erhöhte Dosha breitet sich in diesem Stadium in die Gewebe aus. Gibt es in einem bestimmten Gewebe (Dhatu) eine Schwäche, wird es sich dort niederlassen (siehe S. 70). Nun werden Sie bemerken, wie sich die Symptome langsam verändern. Wie allerdings, können Sie nicht genau sagen.

An Ihrem Körper werden keine bleibenden Schäden zurückbleiben, wenn Sie das überhöhte Dosha vor dem vierten Stadium des Krankheitsprozesses (siehe Seite 70) beruhigen. Sie werden allerdings Ihr konstitutionelles Gleichgewicht leichter zurückgewinnen, wenn sich das überhöhte Dosha noch nicht in den Geweben niedergelassen hat. Zur selben Zeit können ein, zwei oder alle drei Doshas überhöht sein. Selbst wenn die ursprünglichen Schwierigkeiten vom Übermaß eines Doshas herrühren, können die anderen beiden Doshas ebenso mit der Zeit gestört werden. Daraus entwickelt sich eine komplizierte Krankheit.

Störung der Doshas können aber auch innerhalb des Körpers liegen: So kann eine Ansammlung giftiger Stoffe aufgrund mangelhaften Stoffwechsels die Beweglichkeit des Vatas einschränken und die Doshas stören (siehe Seite 76 - 77). Wenn Sie Ihren Lebensstil beobachten und genauer unter die Lupe nehmen, werden Sie festzustellen, ob sich zu viele Eigenschaften eines bestimmten Doshas ansammeln. Um Ihr Wohlbefinden aufrecht zu erhalten, ändern Sie Ihren Lebensstil so lang, bis Ihre Doshas sich wieder im Gleichgewicht befinden (siehe Seite 178 - 187).

Krankheitszeichen und Symptome
Die Krankheitszeichen der ersten drei Krankheitsstadien sind danach zusammengestellt, welches Dosha gegenüber dem konstitutionellen Gleichgewicht im Übermaß vorhanden ist. Vielleicht leiden Sie nur unter einem Symptom dieser Tabelle, und vielleicht sind die Symptome bei Ihnen etwas anders, aber bei jedem Menschen befinden sich die Doshas in einem unterschiedlichen Gleichgewicht. Und denken Sie daran: Kein Symptom steht für sich alleine.

Verstärktes Dosha	Stadium der Ansammlung	Stadium des Aufbruchs	Stadium der Ausbreitung
überhöhtes Vata	Verstopfung Blähungen trockener Mund Verlangen nach Wärme Furcht/Angst	zunehmende Blähungen und Verstopfung kalte Hände und Füße Trockenheit im Körper	Blähungen gehen zurück Müdigkeit ruheloser Geist Sorgen/Furcht/Ängstlichkeit
überhöhtes Pitta	Magenübersäuerung Brennen Ärger/Kritiksucht	Sodbrennen Magenverstimmungen brennender Schmerz in der Nabelgegend überkritisch	brennendes Gefühl beim Urinieren oder Stuhlgang gelbliche Stühle schmerzhafte Verdauung
überhöhtes Kapha	Antriebsarmut Appetitmangel Schwere	Brechreiz Blähsucht Schlafsucht vermehrter Speichelfluß	Schwere Aufgedunsenheit, Ödeme vermehrte Schleimbildung, Erbrechen

Schwachstellen

Findet das überhöhte, sich ausbreitende Dosha eine Schwachstelle in einem der Gewebe (Dhatus) (siehe Seite 56 - 57),in dem es sich niederlassen kann, beginnt das vierte Stadium der Krankheit. Die ersten Warnsignale der Krankheit machen sich bemerkbar; im Westen ist dies der Moment, in dem wir spüren, das irgendetwas nicht in Ordnung ist und es uns an Gesundheit fehlt. Ein erfahrener Ayurveda-Arzt wird diese warnenden Hinweise ebenso wie die früheren Krankheitszeichen mit Hilfe der Pulsdiagnose aufgrund seines umfassenden Wissens erkennen. Bleibt das erhöhte Dosha unbehandelt, wird er voraussagen können, welche Krankheit folgt.

Schwäche in den Geweben
Schwächen oder Störungen in den Geweben (Dhatus) können viele Ursachen haben, aber sie können in eine der sechs Arten (unten) eingestuft werden. Schwachstellen können an jedem Teil des Körpers zu finden sein, aber Symptome zeigen sich nur, wenn sich ein überhöhtes Dosha bereits in dem betreffenden Gewebe niedergelassen hat.

Ererbte Schwachstellen

Nichtsymptomatische Schwäche in den Geweben. Stammt aus der zellulären Erinnerung an Krankheiten der Eltern und Großeltern.

Ungelöste Konflikte

Ungelöste oder unterdrückte Emotionen können eine Schwäche der Organe hervorrufen (siehe Seite 172 - 173).

Leben vor dem Leben

Eine Schwäche kann, beim Glauben an die Reinkarnation, auch aus einem früheren Leben mitgebracht werden. Das „vergangene Leben" beeinflußt auch Handlungen, Haltungen und die Lebensführung in diesem Leben.

Körperliche und psychische Schocks

Physisch geschädigte Gewebsstrukturen können eine zelluläre Erinnerung an das Trauma behalten. Psychische Traumen können die Gewebe (Dhatus) schwächen. Bestimmte schlechte Gefühle sind bestimmten Organen zugeordnet (siehe Seite 172).

Infektionen und Krankheiten

Krankheiten schwächen ein Gewebe (Dhatu) und machen es anfälliger für weitere Erkrankungen.

Suchtverhalten

Suchtverhalten schädigt die Gewebsstrukturen. Alkohol schwächt beispielsweise die Leber, Rauchen greift die Lunge an, Psychopharmaka das Gehirn und eine Sucht nach Sex die Geschlechtsorgane.

Spätere Stadien des Krankheitsgeschehens

Nur wenn eine Gewebeart (Dhatu) eine Schwachstelle hat, wird das vierte Stadium erreicht. Gibt es diese Schwäche nicht, kreist das überhöhte Dosha ohne weitere Anzeichen im Körper. In Stadium fünf bricht die Krankheit aus und muß behandelt werden. Im sechsten Stadium fügt das überhöhte Dosha dem Körper weitere Schwachstellen zu und geht auf andere Gewebe über, wenn es nicht beruhigt wird.

Viertes Stadium: Festsetzen

Im ersten geschwächten Dhatu wird sich das überhöhte Dosha festsetzen. Das Dosha verbindet sich mit dem Dhatu (Gewebe); das führt zu einer „Qualitätsminderung" des Gewebes und seiner Haupt- und Nebenprodukte. Es kann auch giftige Stoffe herstellen. Wenn das Agni des Gewebes stark genug ist, wird es das Gewebe vor den Auswirkungen des überhöhten Doshas schützen.

Fünftes Stadium: Ausbruch

Zunächst mögen die Auswirkungen eines überhöhten Doshas zu vernachlässigen sein. Aber die Krankheit breitet sich wie Unkraut aus. Sie kann nur ausgerottet werden, wenn das überhöhte Niveau des ungleichgewichtigen Doshas abgesenkt wird. Um das Dosha-Gleichgewicht wieder herzustellen, empfehlen die ayurvedischen Ärzte Panchakarma und/oder Kräuter (siehe Seite 186-187). Ändern Sie Ihre Lebensführung und Eßgewohnheiten, um Rückfälle zu verhindern.

Sechstes Stadium: Entwicklungen

Die Einheit des Ganzen ist durch das überhöhte Dosha zerbrochen worden, und die Krankheit und ihre Komplikationen haben nun einen Namen. Wie Unkraut bereitet die Krankheit künftigen Erkrankungen den Boden, oder sie ruht schlafend, bis die Umstände es ihr wieder erlauben zu wachsen. Selbst wenn das überhöhte Dosha nun beruhigt ist, bleibt eine Schwäche im Körper zurück. Werden nur die Symptome zurückgedrängt, aber das Dosha nicht beruhigt, befällt das überhöhte Dosha andere Gewebe (Dhatus).

Anzeichen für Doshas im Gewebe

Betrachten Sie Ihre Beschwerden also aus ayurvedischer Sicht. Ordnen Sie die Eigenschaften von Krankheitszeichen und Symptomen einerseits Vata, Pitta und Kapha und andererseits den betroffenen Dhatus zu.

So sind beispielsweise Symptome trockener oder degenerativer Natur (Verschleißerscheinungen) das Ergebnis eines aus dem Gleichgewicht geratenen Vata, genauso wie etwa Untergewicht, Lähmungen und Bewegungsstörungen. Entzündliche Prozesse oder Hitze sind mit Pitta verbunden, wie beispielsweise Blutungen. Übergewicht und andere Zunahmen an Körpermasse oder Körperflüssigkeiten, wie Tumore oder Schwellungen, weisen auf ein überhöhtes Kapha hin.

Allerdings stehen die Doshas untereinander in Kontakt, und das vereinfacht die Dinge nicht gerade. Hier ist der erfahrene Ayurveda-Praktiker gefragt. So kann beispielsweise überhöhtes Kapha die freie Bewegung der Vata-Energie hemmen. Obwohl als augenscheinliches Symptom eine Bewegungsstörung auftritt (Vata), ist Kapha dafür letztendlich verantwortlich.

Pitta trocknet den Körper aus, also kann Trockenheit auch auf einen Überschuß an Pitta zurückzuführen sein. In diesem Falle sollte eher Pitta als Vata beruhigt werden. Der ayurvedische Therapeut erkennt die Störungsmuster an der Reihenfolge, in der die Symptome auftreten. Probleme im Muskel- oder Nervengewebe können ungewöhnliche Bewegungen hervorrufen. Ein ayurvedischer Therapeut ist auf solche Wechselwirkungen geschult und weiß, welche Gewebe durch welche überhöhten Dosha gestört werden und wie die Doshas zusammenhängen.

Die Tabelle auf Seite 74 ist nicht vollständig, aber sie gibt Beispiele, wie sich überhöhte Doshas in den sieben Dhatus niederschlagen können. Die Symptome sind Teil eines großen Ganzen und sollten nicht einzeln bewertet werden. Die im Westen benutzen Begriffe für Krankheiten umfassen oft mehrere Doshas und Dhatus und weisen die Eigenschaften nicht getrennt aus. Ekzeme können beispielsweise entweder feucht oder trocken sein, und nach ayurvedischer Sicht ist ihre Ursache in jedem Fall unterschiedlich.

.

Anzeichen für Doshas im Gewebe

Gewebeart	Überhöhtes Dosha	Symptome
Lymphe	V	Kalte Hände und Füße · Austrocknung, trockene Haut, tiefliegende Augen, Zittern, empfindungslose Haut · sieht unterernährt aus · fürchtet sich · Unsicherheit, Ängstlichkeit, Mangel an Vertrauen
	P	Fieber · Akne, Pickel · Hitzewellen · Augen empfindlich gegen helles Licht · kritisch · reizbar
	K	Ödeme · Verdauungsstörungen · Appetitlosigkeit · lethargisch · Erkältungen · Verschleimung der Bronchien
Blut	V	Blutarmut · Schwindel · Extrasystolen · enggestellte Blutgefäße · trockene Ekzeme
	P	Entzündliche Prozesse · Hautausschläge · Fieber · hat leicht blaue Flecke · Nasenbluten · Blutungen unter der Haut · Psoriasis · zahlreiche Leberflecke
	K	Näßende Ekzeme · hoher Cholesterinspiegel · Leber/Milz vergrößert (durch ein Übermaß an Fett)
Muskeln	V	Muskelschwund · Verspannungen · Spastizität · Lähmungen · Zittern
	P	Wiederholte Mandelentzündungen · Eiteransammlungen im Muskelgewebe
	K	Vermehrte Muskelmasse · Muskelschwäche · Zysten auf den Sehnen
Fett	V	Trockene Haut · Schmerzen im Lendenwirbelbereich · Knacken der Gelenke
	P	Heftiges Schwitzen · Zellulitis · Gefühl von brennenden Händen und Füßen · brennendes Gefühl an der Penisspitze
	K	Übermäßiger Durst · hoher Cholesterinspiegel · Fettsucht · dicker weißer vaginaler Ausfluß
Knochen	V	Verlust der Haare · gesplitterte Nägel · Nagelveränderungen · Knochenschmerzen · degenerative Arthritis · Parodontose · Karies · Schmerzen, die auf ungelöste Emotionen zurückzuführen sind
	P	Entzündliche Arthritis · Knochenabszeß
	K	Knochentumore
Nerven	V	Schwindel, Ohnmacht · Koordinationsstörungen · Lähmungen · Verwirrung · Verlust des Gedächtnisses
	P	Paralyse · Multiple Sklerose · Blutarmut · Mißverständnisse
	K	Tumoren · Mißverständnisse
Fortpflanzungsgewebe	V	Sexuelle Schwächung · geringe Fruchtbarkeit · vorzeitiger Samenerguß
	P	Entzündung der Geschlechtsorgane
	K	Vergrößerte Prostata · Tumoren von Hoden oder Eierstöcken/Gebärmutter

Schmerzen

Bei allen Schmerzarten ist Vata mit im Spiel. Schmerzen treten nicht auf, wenn die Energie ungehindert fließen kann. Ist das Vata-Dosha jedoch gestört oder der Fluß von Vata (das bewegliche Dosha) durch fehlerhaftes Funktionieren von Pitta oder Kapha gehemmt, treten Schmerzen auf. Auch die Ansammlung von *Ama* (siehe Seite 77) oder durch die Unterdrückung von Emotionen kann solche Blockaden verursachen. Tatsächlich können unterdrückte Emotionen die Doshas stören und der tieferliegende Grund für Schmerzen sein (siehe Seite 168).

Verschiedene Schmerzarten
Schmerzen werden im Ayurveda dem Element zugeordnet, das den Fluß des Vata hemmt. Die Eigenschaft dieses Elements spiegelt sich in der Beschaffenheit des Schmerzes wider. Vergleichen Sie die Eigenschaften des Schmerzes mit Eigenschaften der Doshas.

Eigenschaften
strahlend/wandernd/ verschiebt sich/ einschießend/pulsierend/schwankend/ unbestimmbar

Schmerz durch überhöhtes Vata

Beschreibungen
Verschlimmert sich bei Kälte; wird besser bei Wärme; wiederholte Attacken; verschlimmert sich durch Vata-Aktivitäten; ist mit Furcht, Angst, Unsicherheit verbunden; verhindert Schlaf.

Eigenschaften
brennend/aufsaugend/ziehend/scharf/ schneidend/durchdringend/wellenartig/ heftig/gewaltsam

Schmerz durch überhöhtes Pitta, das Vata hemmt

Beschreibungen
Von Entzündungen begleitet; Fieber möglich; Übelkeit, Erbrechen, Durchfälle; erhöhte Temperatur an der schmerzenden Stelle; akut. Kann wegen Schmerzen nicht schlafen; Schmerz ist mittags oder um Mitternacht intensiver.

Eigenschaften
schwer/tief/dumpf/ anhaltend/ pulsierend/mäßig

Schmerz durch überhöhtes Kapha, das Vata hemmt

Beschreibungen
Lang anhaltender, chronischer Schmerz; kann mit dem Schmerz schlafen; Schleimansammlung, z.B. in Lungen, Lymphe.

Eigenschaften
schwer/stumpf

Schmerz nach Ama, das Vata hemmt

Beschreibungen
Dem Kapha-Schmerz sehr ähnlich, aber dick belegte Zunge; schlechter Atem; allgemeines Gefühl der Lustlosigkeit.

Gestörter Stoffwechsel

Sowohl Agni als auch der Stoffwechsel (siehe Seite 48) werden durch ein Ungleichgewicht der Doshas gestört. In der Folge wird die Nahrung schlechter verdaut. Ist das Agni zu schwach, entstehen giftige Substanzen, die man auch Ama nennt. Nicht immer ist der Körper fähig, Ama auszuscheiden, und so wird es in unterschiedlichen Teilen des Körpers eingelagert. Dort hemmt es den freien Fluß der dichten oder feinstofflichen Materie durch die Körperkanäle.

Dies betrifft vor allem das Verdauungs-Agni. Die Darmlymphe – die Form, in der die Nahrung durch die Darmwände aufgenommen wird – kann beispielsweise nur teilweise verdaute Nahrung enthalten. Und obwohl sie absorbiert wird, versorgt diese nur teilweise verdaute Nahrung den Körper nicht mit den nötigen Nährstoffen oder verhindert sogar, daß der Körper diese Nährstoffe aufschließen kann.

Das gestörte Verdauungs-Agni

Ayurveda beschreibt mangelhafte Verdauung nach dem zugrundeliegenden überhöhten Dosha, das das Agni stört. Die Symptome schlechter Verdauung spiegeln die Eigenschaften des unausgeglichenen Doshas wider. Alle drei Arten von Verdauungsstörungen bringen Ama hervor.

unregelmäßige Verdauung	durch überhöhtes Vata	**Anzeichen** Ungleichmäßige Verdauung, manchmal langsam, manchmal schnell, manchmal Blähungen, kolikartiger Schmerz, Winde und laute Darmgeräusche. Wechsel zwischen Verstopfung und weichen Stühlen mit dazwischenliegenden Tagen, an denen alles normal zu sein scheint.
schnelle Verdauung	durch überhöhtes Pitta	**Anzeichen** Kann große Mengen von übermäßig häufigen Mahlzeiten verdauen; danach trockener Gaumen, Lippen und Hals sowie ein Gefühl von Hitze und Brennen; ist immer heißhungrig; verbrennt die Nahrung zu Asche, ohne Nährstoffe aus ihr zu erhalten.
langsame Verdauung	durch überhöhtes Kapha	**Anzeichen** Kann selbst leichteste Mahlzeiten nicht verdauen; hat dann ein Gefühl von Schwere in Bauch und Kopf.

Innere Ursachen einer Krankheit sind Unordnung bei den Agnis und der Aufbau von Ama. Durcheinandergeratenes Agni stört die Doshas, und die Produktion von Ama nimmt zu. Dies wird das Agni noch weiter beeinträchtigen und so einen Teufelskreis von Ursache und Wirkung in Gang setzen. Hauptursachen für das gestörte Agni sind:

- ein Ungleichgewicht der Doshas
- übermäßiges Essen oder Trinken
- längeres Fasten
- Essen zwischen den Mahlzeiten
- unterdrückte Gefühle (siehe Seite 170 - 173)
- vernachlässigte Eßgewohnheiten (siehe Seite 154), aber vor allem
  - falsche Zusammenstellung der Speisen
  - für Ihre Konstitution geeignete Nahrungsmittel
  - Essen zu unpassenden Zeiten
  - Essen von schweren, gefrorenen, kalten oder alten Nahrungsmitteln
- Unsachgemäßer Gebrauch von Abführmitteln.

Sind die Agnis der Dhatus (Gewebe) zu schwach, wirkt sich das negativ auf die Gewebe und ihre Produkte aus. Auch die Fähigkeit des Körpers, Ojas zu bilden (siehe Seite 56) und die Gewebe vor den Wirkungen der überhöhten Doshas zu schützen, nimmt dann ab (siehe Seite 72).

Ama

Ama ist nach ayurvedischer Vorstellung eine Hauptursache von Krankheit. Das Sanskritwort umfaßt Giftstoffe im Körper, wobei dies ursprünglich von außen in den Körper hineingebrachte Gifte sind oder solche, die im Körper durch schwaches Agni, mangelhafte Nahrungszusammenstellung, unzureichende Ausscheidung oder gestörte Doshas gebildet wurden. Im wörtlichen Sinne bedeutet das Wort auch roh, ungekocht, unreif und unverdaut. Bei der Herstellung der sieben Dhatus (Gewebe) (S. 56 - 57) wird ein fehlerhaftes Gewebe-Agni gleichfalls Ama hervorbringen. Sind unsere geistigen Prozesse beeinträchtigt oder verstecken wir ungelöste Emotionen (Seite 166 - 177), entsteht ein feinstoffliches Ama. Ist Ama im ganzen Körper, zeigt dies ein weißlicher Belag der ganzen Zunge an. Ist nur das hintere Drittel der Zunge bedeckt, ist das Ama nur im Darm. Bei einem bräunlichen Belag ist auch das Vata gestört. Andere Zeichen für Ama im Körper sind schlechter Atem und Körpergeruch. Um das Ama auszuscheiden und Agni ins Gleichgewicht zu bringen, empfehlen ayurvedische Ärzte oft Kräuter.

Schlechte Gefühle

Sowohl auf den Geist als auch auf die Gefühle kann ein Dosha-Ungleichgewicht eine ungünstig Wirkung haben. Die negative Energie einer mit einem Dosha verbundenen Eigenschaft kommt bei einem überhöhten Dosha eher zum Ausdruck. Leichter als alle anderen wird das in Ihrer Konstitution vorherrschende Dosha überhöht werden, und daher werden Sie auch seine schlechten Seiten eher erfahren. Negative Gefühle verstärken das mit ihnen verbundene Dosha. Zum Beispiel kann ein hohes Kapha auf ein besitzergreifendes Verhalten hindeuten, aber diese Eigenschaft selbst erhöht wiederum das Kapha. Ein solcher Teufelskreis kann erst durchbrochen werden, wenn das verstärkte Dosha beruhigt wird.

In Ihrem täglichen Leben wird es Ihnen leichtfallen, die Eigenschaften Ihrer Stimmungen zu erkennen und sie V, P und/oder K zuzuordnen. So werden Sie kleinere Anstiege der Doshas in den Griff bekommen und das Gleichgewicht rechtzeitig wiedergewinnen. Die Eigenschaften Ihrer Stimmung haben auch mit den Eigenschaften anderer Seiten Ihres Lebens zu tun, und „Gleiches verstärkt Gleiches".

***Ungünstige Zustände**
Schlechte Gefühle und geistige Zustände, die auf ein überhöhtes Dosha zurückzuführen sind, zeigt die Tabelle unten. Auf welche Weise überhöhte Dosha-Energie auf Ihre Gefühle und Ihren Geist einwirkt, können Sie im Vergleich mit der Tabelle auf Seite 30-31 und den vorteilhaften Zuständen (Seite 166 - 177) prüfen.*

Überhöhtes Vata

Nervosität · Ängstlichkeit · Furcht · Verwirrung · Kummer · Traurigkeit · Unsicherheit · Mangel an Ehrlichkeit · Verlust der Kreativität · Kommunikationsmängel · Launenhaftigkeit

Überhöhtes Pitta

Ehrgeiz · Ärger · Neid · Angst vor Versagen · Enttäuschung · Haß · Eifersucht · Neigung zur Rechthaberei und Krittelei · forsche Sprache und Handlungen · Verlust der Unterscheidungsfähigkeit · Stolz · Zweifel

Überhöhtes Kapha

Langeweile · Sorglosigkeit · Mangel an Mitgefühl · Habgier · Gefühl von mangelnder Unterstützung oder Liebe · zwanghafte Verhaltensweisen · Unfreundlichkeit · Interesselosigkeit

Beschwerden

Auf den ersten Blick ist die ayurvedische Vorstellung des Krankheitsgeschehens schwer zu verstehen, denn sie steht zu unseren westlichen Auffassungen im Widerspruch. Anzeichen für mangelnde Gesundheit können, das haben wir gesehen, Vata, Pitta und Kapha zugeordnet werden. Diese Einordnung gibt uns Hinweise darauf, welches Dosha wahrscheinlich beruhigt werden sollte (siehe Tabelle Seite 74). Für manche Menschen ist diese Vorstellung zu einfach, um glaubwürdig zu sein, andere wieder finden sie zu unübersichtlich, um damit umgehen zu können. Sie werden diese Vorstellungen im Alltag in Aktion erleben, wenn Sie Ihr Leben und Ihren Körper aus dem Blickwinkel der Doshas erforschen.

Die ersten Stadien des Krankheitsgeschehens gehen mit kleineren Beschwerden (Befindlichkeitsstörungen) einher, die Sie leicht behandeln können. Diese Fähigkeit, die ersten Signale eines beginnenden Ungleichgewichts richtig zu deuten, ist der Schlüssel zu guter Gesundheit.

In den späteren Stadien des Krankheitsgeschehens ist das Gleichgewicht zwischen Ihren Doshas, Geweben (Dhatus) und Agnis ernsthaft gestört und wird durch Ama oft noch komplizierter. Sie sollten dann qualifizierte Hilfe aufsuchen, aber auch selbst die Behandlung unterstützen.

Symptome des Prämenstruellen Syndroms (PMS)

Werden Beschwerden aus ayurvedischer Sichtweise eingeschätzt, sollten die Eigenschaften jedes Symptoms nach VPK eingestuft werden. Wichtig ist nicht, welchen Namen Sie Ihren Beschwerden geben, denn die Krankheit kann sich auf ein Ungleichgewicht jedes der Doshas zurückführen lassen. In der untenstehenden Tabelle werden die bekannten Symptome des PMS zu VPK in Beziehung gesetzt.

Vata	Pitta	Kapha
aufgeblähter Leib	Hitzewallungen	Wasseransammlungen
Schmerzen im Lendenwirbelbereich	gerötete, empfindliche Augen	vergrößerte Brüste, voll und weich
Gelenkschmerzen	Brustwarzen auf Berührung empfindlich	Gewichtszunahme
Verspannungen	brennendes Gefühl in der Harnröhre	Müdigkeit, übermäßiges Schlafbedürfnis, Lethargie
Unsicherheit, Ängstlichkeit, Furcht	brennendes Gefühl an Händen und Füßen	Verlangen nach Süßem, vor allem Schokolade
unregelmäßige Periode mit spärlicher Menstruationsblutung	Migräne	sehr besitzergreifend
	Ärger, Kritiksucht	kräftige Menstruationsblutung
	Rechtfertigungsdrang	

Beschwerden feststellen

Das Zusammenspiel der Doshas im Körper ist vielschichtig. Lassen Sie sich Zeit, um die Eigenschaften, mit denen sich jedes Dosha zeigt, ebenso kennenzulernen (siehe Seite 30 - 31) wie Ihre Konstitution (siehe Seite 38 - 41). Danach können Sie besser abschätzen, ob überschüssige Dosha-Energie in Ihnen ist. Die Doshas im Körper sicher zu erkennen, kommt mit der Praxis und je mehr Sie von Ayurveda wissen desto genauer fällt die Bestimmung Ihres doshischen Zustands aus. Für den Anfang aber sollten Sie Ihre Aufmerksamkeit auf jenes Symptom oder jene Beschwerde richten, die Sie am heftigsten, hartnäckigsten oder am längsten plagt. Zunächst beurteilen Sie Ihr Dosha-Ungleichgewicht (Seite 63), dann beschreiben Sie Ihre Beschwerden. Die folgenden Fragen helfen Ihnen dabei, die Eigenschaften in Ihren Beschwerden zu erfassen und sie auf VPK zu beziehen.

– Welche vorherrschenden Eigenschaften spüren Sie an sich?
– Haben Sie Schmerzen? Welche Eigenschaften haben diese (Seite 75)?
– Wann traten die Symptome zum erstenmal auf? Wie alt waren Sie da (Seite 10)? Zu welcher Jahreszeit (Seite 150) und in welchem Klima traten die Symptome auf?
– Ändern sich die Symptome mit den Jahreszeiten, mit dem Klima oder zu unterschiedlichen Tages- oder Nachtzeiten (Seite 151)?
– Hat sich in Ihrem Leben etwas Wesentliches ereignet, bevor die Symptome kamen (siehe Seite 170)?
– Was haben Sie getan um Ihre Symptome zu lindern? Welche Eigenschaften hatten diese Maßnahmen? Welche Auswirkungen hatten sie?

Ob ein Übermaß an VPK Ihre Symptome verursacht, können Sie mit Hilfe dieses Kapitels und den Seiten 30 - 31 entscheiden. Suchen Sie bei Krankheiten und Beschwerden trotzdem fachkundigen Rat und Hilfe.

Die Gesundheit zu erhalten, ist ein ständiger Prozeß. Je mehr Übung Sie darin haben, in Eigenschaften zu denken, desto leichter werden Sie Ihren jeweiligen Gesundheitszustand erkennen und je eher werden Sie wissen, auf welche Faktoren Sie besonders achten müssen. Sie werden Ihre Ernährung und Ihren Lebensstil anpassen und Ihre Doshas im Gleichgewicht halten. Dann wird kein überhöhtes Dosha mehr Krankheitssymptome verursachen können.

Ayurvedisches Profil: Giles

Alter: 30

Größe: 192 cm

Gewicht: 92 Kilo

Konstitution: Kapha, mit Pitta als zweitem Dosha

Mehr über Giles finden Sie auf den Seiten 156-157

Nachdem er die Schule abgeschlossen hatte, nahm Giles einen Büro-job an, ernährte sich von Junk-food, trank regelmäßig, rauchte und nahm auch Aufputschmittel. Mit 22 Jahren heiratete er und studierte dann drei Jahre lang. Er trank weniger. Lediglich unter Stress rauchte er noch und nahm Medikamente ein. Er behielt auch seine Gewohn-heit bei, sich von Milchprodukten, süßen und gebratenen Speisen zu ernähren. Nach seiner Studienzeit trat er in die Personalabteilung einer Firma ein, in der er immer noch tätig ist. Fünf Jahre zuvor war sein Großvater verstorben, an dem er sehr hing. Seine Frau hatte ihn vor etwa einem Jahr verlassen, und der Verlust schmerzte ihn noch immer.

Als Kind hatte Giles Mumps, Masern und Keuchhusten, war aber seit-dem nicht mehr ernsthaft erkrankt. Einige Jahre lang litt er unter Ent-zündungen der Nasennebenhöhlen, die sich im Winter und Frühling verschlimmerten. Er hat oft kalte Hände, nimmt in letzter Zeit mehr Flüssigkeit zu sich und muß häufiger urinieren.

Vor etwa einem Jahr begann Giles, zähen Schleim von seiner Lunge zu husten. Abends verschlimmert sich dieser Auswurf. Er schläft viel und fest, nach dem Essen hat er oft ein Völlegefühl. Sein Stuhlgang ist regelmäßig, aber langsam; sein Stuhl ist weich, klebrig und schlei-mig.

Interpretation:

Giles Beschwerden weisen Kapha-Eigenschaften auf, wie Verstopfung, Kälte, Schwere, übermäßiger Schleim und ein Verlangen nach mehr Flüssigkeit. Trinken, Rauchen und die Einnahme der Aufputschmittel haben vermutlich an Leber, Lunge und Gehirn zu entsprechenden Schwachstellen geführt.

Teil 3

Gesundheit
erhalten

Der Alltag

तस्याशिताद्यादाहाराद्बलं वर्णश्च वर्धते ।
यस्यर्तुसात्म्यं विदितं चेष्टाहारव्यपाश्रयम् ॥

Frei von allen Krankheiten wird nur sein, wer täglich gesund ißt und Gutes tut,
wer unterscheidet (von allem das Gute und das Schlechte und dann weise handelt),
wer den Wahrnehmungen der Sinne nicht (zu sehr) verhaftet ist, wer die Geste der
Barmherzigkeit, der Gleichheit (erfordert Güte), der Wahrheit und der Vergebung
entwickelt und die Gesellschaft nur guter Menschen sucht.
(Astanga Hrdayam, *Kapitel 4:36)*

Allen unseren Handlungen wohnen bestimmte Dosha-Eigenarten inne. Wie wir essen, schlafen, arbeiten und uns amüsieren – alles weist Eigenschaften von VPK auf. Jeder kann seinen Tagesablauf so einrichten, daß die Doshas im Gleichgewicht sind und man sich pudelwohl fühlt. Wenn Sie sich dagegen weiterhin so verhalten, daß die Unausgeglichenheit Ihrer Doshas verstärkt wird, werden Sie nie das befriedigende Gefühl absoluten Wohlbefindens erfahren. Ein dauerhaftes Ungleichgewicht Ihrer Doshas wird zur Krankheit führen.

Die Rückkehr zu einem Gleichgewicht Ihrer Doshas geschieht nicht von einem Tag auf den anderen – dafür müssen Sie schon etwas tun. Zunächst fragen Sie sich am besten, wie Sie Ihr Leben eigentlich führen. Ehrliche Antworten werden Ihr Bewußtsein für diese Dinge schärfen und Sie durch die Änderungen begleiten, die Sie beschließen. Aber Sie müssen diese Veränderung auch wirklich wollen, denn nur dann nützen Ihnen auch die Ratschläge anderer.

Einige Ihrer alltäglichen Tätigkeiten sind stärker festgelegt als andere. So kann die Art Ihrer Arbeit beispielsweise schwieriger zu ändern sein als Ihre Freizeitaktivitäten, die sich viel eher als Gegenpart zu einem überhöhten

Dosha einsetzen lassen. Gerade Sport und andere Freizeitaktivitäten sind gute Möglichkeiten, einen Ausgleich zu jeglichem durch die Arbeit verursachten Ungleichgewicht (siehe Seite 88-91) zu schaffen. Darüber hinaus sollten Sie sich Zeit nehmen, Ihre geistigen, emotionalen und inneren Seiten zu entwickeln.

Manche der Vorschläge auf den folgenden Seiten richten sich an jeden Leser/jede Leserin. Andere sind für Personen mit bestimmten Dosha-Ungleichgewichten gedacht. Dieses Kapitel enthält grundlegende Abläufe, die Ihnen helfen können, Ihre Doshas wieder ins Gleichgewicht zu bringen. Eingefahrene Verhaltensweisen zu ändern, kann ganz schön anstrengend sein. Aber wenn Sie einmal gemerkt haben, welche Vorteile die ersten Veränderungen Ihnen bieten, können Sie von der abwärts gerichteten Krankheitsspirale auf den nach oben gerichteten Wohlfühlweg wechseln.

Im Ayurveda trachtet man danach, alle Dinge ins Gleichgewicht zu bringen, und es behandelt die Symptome nicht isoliert. Viele Ihrer Symptome werden von alleine verschwinden, wenn Sie keine überhöhte Dosha-Energie mehr haben.

Fernsehen

Da Augen und Ohren überreizt werden, erhöht zuviel Fernsehen das Vata; die passive Natur des Zusehens erhöht auch das Kapha. Auch der Inhalt der Sendungen wirkt auf die Doshas. Das Prinzip „Gleiches verstärkt Gleiches" ist im Ayurveda wichtig. Hat eine Fernsehsendung insgesamt negative Pitta-Emotionen (siehe Seite 78), werden diese auf feinstoffliche Art auf den Geist einwirken und so das Pitta erhöhen. Ob und wie sich diese feinstofflichen Eindrücke in einem Individuum offenbaren, hängt von vielen Einflüssen ab, ein direkter Zusammenhang ist aber unwahrscheinlich. So kann Ihr Vata-Niveau durch ständige furchterregende Nachrichtensendungen ansteigen. Wenn Sie in dem, was Sie sehen und hören wollen, wählerisch sind, werden Sie auch nur die feinstofflichen Eigenschaften aufnehmen, die Sie gerne hätten.

Der Tagesablauf

Denken Sie ein wenig über Ihren Alltag nach und richten die Ereignisse in Ihrem Leben nach Ihrem größtmöglichen Wohlbefinden aus. Versuchen Sie herauszufinden, ob Ihre Verpflichtungen, Gewohnheiten und Vorlieben Ihrem Dosha-Gleichgewicht eher nützen oder schaden. Oft haben Menschen durch die Sachzwänge der heutigen Zeit das Gefühl, viele Seiten ihres Lebens nur wenig beeinflussen zu können. Doch die Wohltaten vieler kleiner Veränderungen werden später in der Summe einen spürbaren Unterschied ausmachen.

Auf welche Weise Sie Ihr Leben ausrichten, wird von Ihrer Konstitution beeinflußt. Mit den folgenden Leitlinien werden Sie Ihre Doshas im Gleichgewicht halten.

Ihr täglicher Ablauf
Sie werden jeden Tag Frische und Spannkraft verspüren, wenn der Alltag auf Ihre Konstitution ausgerichtet ist.

Pitta

Pitta-Typen haben oft nicht nur sich selbst, sondern auch alle um sie herum sehr effizient organisiert. Sie halten ihre Pläne genau ein, weil es ihnen hilft, ihre Ziele zu verwirklichen. Sie sollten nicht zu zielorientiert sein. Tun Sie manchmal Dinge aus reinem Spaß an der Freude – machen Sie einen Waldspaziergang statt eines Tennisturniers. In einer klaren Sommernacht draußen zu sitzen und den Mond zu betrachten, ist Balsam für Pitta.

Vata

In das Leben eines Vata-Typs sollte nicht nur Regelmäßigkeit einziehen, sie sollte auch beibehalten werden. Für eine Vata-Person ist dies sehr schwer zu verwirklichen. Haben Sie aber Erfolg, werden Ihre Energieniveaus weniger sprunghaft wechseln, und das durch den Vata-Überschuß ausgelöste Unwohlsein – wie Schlaflosigkeit und Erschöpfung – wird abnehmen. Essen Sie regelmäßig, und entwickeln Sie Einschlaf- und Aufwachgewohnheiten.

Selbst wenn Ihre Energie zufriedenstellend ist, halten Sie unbedingt an dieser Gewohnheit fest. Sind Sie unfähig, Ihrer gegenwärtigen Aufgabe genug Aufmerksamkeit zu widmen, erledigen Sie drei Dinge gleichzeitig, reden Sie schnell und häufig und wechseln ständig das Thema, dann sollten Sie innehalten.

Kapha

Wenn Sie einen festen Terminkalender haben und keine Änderungen mögen, sind Sie vielleicht ein Kapha-Typ. Dann sollten Sie Ihren Alltag oft überprüfen und besonnen Veränderungen einführen, um von den eingefahrenen Gleisen herunterzukommen. Schließen Sie mit sich selbst ein Abkommen, jeden Tag etwas ein wenig anders zu tun – beispielsweise den Weg zur Arbeit zu wechseln.

Ihre Arbeit und VPK

Mehr als ein Drittel unseres Tages verbringen wir mit Arbeit, und so beeinflussen die vielen mit der Arbeit und ihrer Umgebung verbundenen Eigenschaften auch unsere Doshas. Falls Sie feststellen (siehe Seite 104-105), daß durch die verschiedenen Wirkungen des Arbeitslebens ein oder mehrere Doshas ansteigen, sollten Sie durch eine Abstimmung Ihrer Ernährung, Ihres Tagesablaufs und Ihres Freizeitprogramms für einen Ausgleich sorgen.

Die Eigenschaften verschiedener Beschäftigungen können zu den Eigenschaften von Vata, Pitta und Kapha in Beziehung gesetzt werden (siehe rechte Seite). Daran sollten Sie denken, wenn Sie sich nach neuen Beschäftigungen umsehen, und gezielt solche suchen, die für einen guten Ausgleich in Ihrer Konstitution sorgen. Aber Vorsicht: Im Übermaß betrieben werden auch diese Beschäftigungen negative Dosha-Charakteristika entfalten. Eine verläßliche Buchhalterin (Kapha) wird beispielsweise eine Veränderung dann nicht annehmen, wenn ihr Kapha übermäßig ansteigt. Auf die gleiche Weise wird sich so der erfolgreiche Manager (Pitta) eher auf seine persönlichen Bedürfnisse als auf die Belange der Firma konzentrieren und der Designer (Vata) unrealisierbare Entwürfe abliefern.

Müssen Sie mit jemandem zusammenarbeiten, der in Ihnen starke Gefühlsregungen hervorruft, entstehen daraus oftmals heftige Spannungen. Auch diese Spannungen wirken auf Ihre Doshas ein (siehe Seite 78). Über solche Schwierigkeiten sollten Sie in einem ruhigen Moment nachdenken und die unterschiedlichen Ebenen des Problems aufdecken. Fragen Sie sich ruhig, warum Sie genau so und nicht anders reagieren. Schauen Sie genau hin, ohne zu sich selbst streng zu sein, und versuchen Sie, die Situation zu verstehen, ohne jemandem Schuld zuzuweisen. Dann werden Sie Lösungen für das Problem finden. Äußere Umstände zu verändern, ist nicht immer einfach, aber indem Sie den Blickwinkel eines „Beobachters" (siehe Seite 166 - 177) einnehmen, können Sie die schädlichen Auswirkungen auf Ihr Wohlgefühl eingrenzen.

Auch die Eigenschaften Ihrer Arbeitsumgebung sollten nicht außer acht gelassen werden, denn von ihr können feine Einflüsse auf die Psyche ausgehen.

Konstitutionelle Übereinstimmung
In der Tabelle auf der gegenüberliegenden Seite sind Beispiele für Tätigkeiten und ihre Beziehung zu Vata, Pitta und Kapha zusammengestellt. Die luftigen Eigenschaften von Vata sorgen für kommunikative Fähigkeiten; das Äther-Element fügt die Kreativität hinzu. Ein ausgeprägter Intellekt ist Pitta zugeordnet, ebenso die Präzision, die zum Beispiel hervorragende Ingenieure an den Tag legen. In den helfenden Berufen sind die Standfestigkeit und das Mitleid des Kapha gefordert. Das Erdelement in Kapha findet im Gartenbau und im Hotel- und Gaststättengewerbe seinen Ausdruck. Bei vielen Beschäftigungen sind allerdings Eigenschaften aller Doshas beteiligt.

VPK in Tätigkeiten

Vata	Pitta	Kapha
Tanz	Management	Pflegedienst
Schauspiel	Politik	Verwaltung
Design	Chirurgie	Kochen
Lehre	Juristerei	Bauwesen
Schreiben	Finanzwelt	Beratung
Photographie		Handwerk

Die Arbeitsumgebung

Anhand der Beispiele in der untenstehenden Tabelle können Sie versuchen, die Eigenschaften Ihrer Arbeitsumgebung Vata, Pitta und Kapha zuzuordnen.

Wirkung der Arbeitsumgebung auf die Doshas

Umgebung	Bedingungen	Überhöhtes Dosha
Büro- oder Geschäftsräume	Mangel an Prana in der Raumluft	Vata
(klimatisiert)	Mangel an natürlichem Licht	Kapha oder Vata
	flackerndes künstliches Licht	Vata
Flugzeug	Bewegung, Mangel an Prana, Austrocknung	Vata
Auto/Lastwagen	Bewegung	Vata
Küche	Hitze	Pitta
Hochofen, Gießerei	Hitze	Pitta
Kühlraum	Kälte	Vata und Kapha
Kassierer nahe Ausgangstür	Geräusche, Luftzug	Vata

Erfahrungen im Übermaß	Erhöhen
Langeweile	Kapha oder Vata
Herausforderungen	Pitta; ebenso Vata, falls sie Furcht hervorrufen
Wettbewerb	Pitta
Konzentration	Pitta
Entscheiden	Pitta
Enttäuschungen	Pitta
Unterbrechungen	Vata
sich wiederholende Aufgaben	Kapha
kleinere, sich wiederholende Aufgaben, die immer dieselbe Bewegung erfordern	Vata
Verantwortung	Pitta; ebenso Vata, wenn Sie sich darüber Sorgen machen
Sitzen/Stehen	Kapha
Reden	Vata
Telefonieren	Vata

Eigenschaften der Arbeitswelt
Nehmen Sie Einfluß auf die Eigenschaften Ihrer Arbeitsumgebung, um Ihre Doshas im Gleichgewicht zu halten. Versuchen Sie auf natürliche Weise Licht und Luft zu bekommen, sich von lästigen Geräuschen zu befreien und für genügend Platz und eine ansprechende Arbeitsplatzgestaltung zu sorgen

Die Beschaffenheit Ihrer Arbeit
Wenn Sie schädigende Auswirkungen der Arbeit auf Ihre Doshas feststellen, sind jenen im Übermaß entstehenden Eigenschaften besondere Beachtung zu schenken. Die Tabelle links zeigt Ihnen, wie Erfahrungen im Übermaß auf die Doshas wirken.

Computer

Nicht nur bei der Arbeit, sondern auch zu Hause sind Computer ein Teil des heutigen Lebens geworden. Einige ihrer nachteiligen Auswirkungen sind bekannt, und es gibt Richtlinien, ihre gesundheitsbeeinträchtigenden Wirkungen zu begrenzen. Alle drei Doshas, aber hauptsächlich das Vata, werden sich erhöhen, wenn Sie zuviel am Computer spielen oder arbeiten. Die Schnelligkeit, mit der sich die Information auf dem Bildschirm ändert, das Flimmern des Bildschirms (oft nur unterschwellig wahrnehmbar) und die wiederholte sensorische und motorische Stimulation stören das Vata. Pitta steigt an durch die benötigte Genauigkeit und die vielen Enttäuschungen, bis man das gewünschte Ergebnis erhält. Die angestrengten Augen können sowohl Vata als auch Pitta stören. Die sitzende Tätigkeit und die sich wiederholenden Bewegungsabläufe am Computer erhöhen Kapha.

Beruhigen Sie das Vata durch Massagen des Gesichts, der Hände und der Oberarme mit Öl. Machen Sie regelmäßige Pausen, weg von Ihrem Computer, am besten in der frischen Luft. Bewegen und strecken Sie Ihren Körper regelmäßig, vor allem die Finger, Hände, Arme und Schultern. Gönnen Sie Ihren Augen zwei oder dreimal am Tag eine Pause. Dazu stellen Sie Ihre Ellenbogen auf den Schreibtisch oder die Knie, schließen die Augen und bedecken sie mit Ihren Händen.

Freizeitbeschäftigungen

Ordnen Sie auch Ihren Freizeitaktivitäten Eigenschaften zu. Auf diese Weise sehen Sie, wo sich einigen der zum Beispiel durch Ihr Arbeitsleben hervorgerufenen negativen Wirkungen gegensätzliche Eigenschaften entgegensetzen lassen. Zu Ihrer Entspannung und in der Freizeit sollten Sie Aktivitäten auswählen, die Ihrer Konstitution entsprechen und so zu Ausgeglichenheit und Harmonie in Ihrem Leben führen. So wird beispielsweise eine leise stimmungsvolle Musik Vata beruhigen, Kapha-Typen dagegen brauchen die Anregung durch laute und lebendige Musik.

Ihrere Freizeitaktivitäten wirken langfristig auf Ihre Doshas ein – sie können Ihnen jetzt Spaß machen, aber in der Zukunft Schwierigkeiten mit sich bringen. Vielleicht haben Sie es in Ihren Zwanzigern und Dreißigern genossen, sehr aktiv zu sein. Und nun haben Sie mit fortgeschrittenem Alter jene feine, individuell verschiedene Grenze zwischen einem gesunden Maß an Aktivität und leichter Überaktivität überschritten.

Wahl der Freizeitbeschäftigung

Die untenstehenden Ratschläge helfen Ihnen, Freizeitaktivitäten entsprechend Ihrer Konstitution auszuwählen.

Pitta

Wettkämpfe und geistig herausfordernde Situationen ziehen den Pitta-Typ an. Sie sollten herausfordernd genug sein, um Langeweile zu vermeiden, aber auch nicht aggressiv machen oder Ihren Ehrgeiz zu gewinnen unterstützen. Wettbewerbe, in denen Sie gegen einen einzigen Gegner spielen, sollten Sie vermeiden.

Vata

Da Vata im Nervensystem vorherrscht, führen falscher Gebrauch oder Überanstrengung der Sinne leicht zu seiner Erhöhung. Sehr laute Musik, zuckende Lichter und Computerspiele überbeanspruchen die Sinne. Mit einer Vata-Konstitution wirken schnelle Handlungen und neue Erfahrungen auf natürliche Weise anziehend auf Sie.

Sie sollten Ihre Zeit allerdings mit ruhigen, sanften, schöpferischen Tätigkeiten wie Malen oder Weben, zubringen. Von Saunagängen profitieren Sie ebenso.

Kapha

Läßt man sie, lieben es Kaphas, herumzusitzen und nichts zu tun. Dabei würden sie sich besser in Aktivitäten stürzen, die sowohl geistig als auch körperlich anregend wirken. Unternehmen Sie einen gesammelten Versuch, neue Aktivitäten aufzunehmen, aber lassen Sie diese nicht zu unbewußten Gewohnheiten verkommen. Führen Sie beispielsweise in Ihrem Freizeitprogramm regelmäßig kleine Änderungen, wie z.B. neue Aerobic-Schrittfolgen, ein.

Sport und Zeitvertreib

Wenn Sie regelmäßig Sport betreiben, sollten Sie sich jene Sportarten aussuchen, deren Eigenschaften Ihnen helfen, die Dosha-Eigenschaften Ihrer anderen Tätigkeiten, vor allem der Arbeit, auszugleichen. Anhand der untenstehenden Abbildung können Sie Sportarten in ihren verschiedenen Eigenschaften Vata, Pitta und Kapha zuordnen. Denken Sie daran, daß Gleiches Gleiches verstärkt. Die Eigenschaften einer Sportart ändern sich auch, je nachdem, wie Sie den Sport betreiben. Tun Sie dies aggressiv oder im Wettstreit, wird das Ihr Pitta erhöhen. Bewegung, Geschwindigkeit und Aktion sind Vata-Eigenschaften und werden daher Vata erhöhen.

Gärtnern

Alle Doshas profitieren von Gartenarbeiten. Vata-Typen werden wieder auf die Erde geholt, es sei denn, sie sind allzu enthusiastisch und verausgaben sich. Pittas werden durch die Planungsarbeit und die Herausforderung angeregt, neue Sorten zu züchten oder bei den alten die Erträge zu steigern. Kapha-Typen fühlen sich zur Erde hingezogen, der körperliche Aspekt der Gartenarbeit tut ihnen gut. Die frische Luft sorgt für zusätzliches Prana, das alle Doshas ins Gleichgewicht bringt.

Kapha
Angeln · Bowling · Gewichtheben · Ringen · Kugelstoßen

Pitta
Bogenschießen · Schach · Fechten · Schießen

Vata/Pitta
Fußball · Motorsport · Squash Tischtennis · Tennis · Pferderennen · Leichtathletik

Vata/Kapha
Segeln · Windsurfen

Pitta/Kapha
Billiard · Tischbilliard · Golf · Speerwurf · Boxen

Vata
Bob · Bungeespringen · Fahrradfahren · Gymnastik · Reiten · Fallschirmspringen · Rollerskating · Skifahren · Eislaufen

Im Urlaub

Ferien geben Ihnen die Gelegenheit zum Tapetenwechsel, zum Ausblenden Ihrer Alltagsverpflichtungen und Zeit zur Entspannung. Alle Arten des Reisens, vor allem Fliegen, erhöhen Vata. Flugangst erhöht ebenfalls das Vata und macht Sie noch ängstlicher. Während Ihrer Reise sollten Sie das Vata beruhigen. Anstelle von Alkohol, der das Austrocknen unterstützt, sollten Sie süße verdünnte Fruchtsäfte trinken. Ingwer-Tee oder Ingwer-Tabletten helfen ebenso wie das Massieren von Gesicht und Händen mit einem leichten Öl. Hierzu mischen Sie einen Tropfen konzentriertes Lavendelöl mit einem Teelöffel normalem Öl. Sie sollten auch nur wenig und leicht Verdauliches essen.

Tapetenwechsel

Skiwanderungen in den schneebedeckten Bergen sind eine anstrengende Herausforderung.Für eine Pitta-Konstitution ein passender Urlaub, aber ungeeignet für einen Vata-Typ.

Einen Urlaub auswählen

Die Art Ihres Urlaubs wird auch Ihre Doshas beeinflussen. Wählen Sie eine Urlaubsart mit den richtigen Eigenschaften für Ihr individuelles Gleichgewicht aus.

Vata

Veränderungen und neue Erfahrungen locken einen Menschen mit Vata-Konstitution sehr. Besichtigungstouren und Rundreisen erzeugen Vata. Am meisten profitieren Sie von einer Reise zu einem einzigen Ziel, an dem es warm ist und die Sonne scheint, wobei es nicht trocken sein sollte. Orte in der Nähe des Meeres sammeln weniger Vata an als Orte in den Bergen. Ihre Tage und Nächte sollten Sie nicht so verplanen, daß Sie sich danach müde fühlen. Suchen Sie sich ein schönes Fleckchen, und genießen Sie den Müßiggang.

Pitta

Vermeiden Sie mit einer Pitta-Konstitution heißes Klima. Entfalten Sie genügend Aktivitäten, daß Sie selbst zufrieden sind; fordern Sie sich selbst und nicht andere. Versuchen Sie es mit Wanderungen, Kanufahrten oder Skifahren. Lassen Sie den Urlaub sich entwickeln, und verplanen Sie ihn nicht allzusehr. Oft sind Sie dann nämlich enttäuscht, wenn nicht alles wie vorgesehen läuft.

Kapha

Herrscht in Ihrer Konstitution Kapha vor, liegen Sie sicher am liebsten zufrieden und faul in der Sonne. Besser für Sie wäre allerdings eine Rundreise oder Aktivurlaub, der jeden Tag Neues und Interessantes bietet.

Tägliche Bewegung

Regelmäßige Bewegung fördert die Verdauung. Das Agni steigt an, die Kanäle bleiben geöffnet, die Abfallprodukte des Zellstoffwechsels werden ausgeschieden und die Muskulatur bleibt geschmeidig. Von Bewegung profitiert beinahe jeder, allerdings sollten die Übungen mit Ihrer Konstitution in Einklang stehen. Allgemein erhöht ein Zuviel an Bewegung das Vata.

Jeder Mensch braucht seine individuelle Menge an Bewegung, und nach ayurvedischer Ansicht sollen Sie sich lediglich bis zu Hälfte Ihrer Kapazität anstrengen. Wissen Sie also beispielsweise, daß Sie beim Joggen nach einer halben Stunde ausgepumpt sind, sollten Sie nicht länger als eine Viertelstunde laufen. Andere Anzeichen, die signalisieren,

Bewegung und VPK
Anhand der folgenden Tips
können Sie selbst die beste
Bewegungsart für Ihre
Konstitution bestimmen.

Vata

Ausdauersportarten, wie Aerobic oder Joggen, wirken anziehend auf Sie, und oft üben Sie bis zur völligen Entkräftung. Diese Art des Trainings jedoch erhöht Vata und schädigt auf die Dauer Ihre Gelenke, die bei Menschen mit Vata-Konstitution besonders anfällig sind. Regelmäßiges sanftes Üben ist besser für Sie.

Pitta

Wettkampfsportarten, wie Tennis oder Squash, sollten Sie meiden, da Sie aufgrund Ihres Ehrgeizes den Sport zu ernst nehmen könnten. Wasser und Wintersport wirken kühlend auf die Hitze Ihrer Pitta-Konstitution.

Kapha

Mit einer Kapha-Konstitution mögen Sie Bewegungsübungen vermutlich nicht besonders. Ihnen würde aber ein richtig anstrengendes Training guttun, aber bis dieses ein Teil Ihrer täglichen Praxis geworden ist, brauchen Sie eine Menge Aufmunterung. Sie sind jedoch ausdauernder als Menschen mit einer Vata-Konstitution.

daß Sie genug getan haben, sind die Schweißbildung auf der Stirn, in den Achselhöhlen und entlang Ihres Rückgrats.

Yoga, Spazierengehen und Schwimmen sind gut für alle Konstitutionstypen, da sie alle drei Doshas ausgleichen und alleine oder mit anderen zusammen gemacht werden können. Ihre Begeisterung für eine neue Sportart sollten Sie als Vata-Typ ausnutzen, um einen Kapha-Freund zum Mitmachen zu bewegen. Ist Ihre ursprüngliche Begeisterung verflogen, wird Ihnen das wöchentliche Treffen im Schwimmbad oder in der Yogaschule behilflich sein, die Gewohnheit aufrechtzuerhalten. Wenn Ihr Pitta-Freund einmal erfahren hat, wie gut ihm die Übungen tun, wird er Sie beide vielleicht begleiten.

Eine Massage hat alle physiologischen Vorzüge von Bewegung, wenngleich sie ihre passive Form ist. Sie stellt einen Gegenpol zu unserem stressigen Leben dar, besonders wenn Sie sich in einer ruhigen und entspannten Atmosphäre eine Stunde lang der vollen und fürsorglichen Aufmerksamkeit eines Masseurs hingeben können. Eine regelmäßige wöchentliche, vierzehntägige oder monatliche Massage sollten Sie einfach in Ihr Leben aufnehmen.

Bewegung muß nicht an feste Zeiten gebunden sein. Schon kleine Übungen über den Tag verteilt sind hilfreich, und ein kurzer Spaziergang nach dem Essen regt die Verdauung an. Vor allem, wenn Sie lange Zeit sitzen, sollten Sie sich regelmäßiges Strecken und Entspannen verschiedener Muskeln angewöhnen. Die Schläfrigkeit der Nacht wird durch Streck- oder Aufwärmübungen am Morgen vertrieben. Außer nach dem Essen können sie auch zu anderen Tageszeiten solche Bewegungsübungen durchführen.

Vorsicht: Wenn Sie unter aktuen Verdauungsproblemen leiden, Schmerzen in der Brust verspüren, Infekte oder Entzündungen haben oder sehr alt bzw. sehr jung sind, keine anstrengenden Übungen durchführen.

Eine einfache Übungsfolge

Nehmen Sie in Ruhe eine kniende Haltung (siehe unten) ein, bevor Sie mit den Übungen anfangen. Stimmen Sie sich auf Ihren Atem ein, und atmen Sie mehrmals tief und rhythmisch in den Bauch. Während Sie einatmen, entspannen sich Ihre Bauchmuskeln; beim Ausatmen wieder ziehen sie sich wieder sanft zusammen. Achten Sie während der Übung auf Ihren Atem und versuchen Sie, Ihre Bewegungen mit Ihrem Atem in Einklang zu bringen.

Lassen Sie sich Zeit, wenn Sie die Übungen zum ersten Mal machen. In jeder Haltung sollten Sie ein- oder zweimal ein- und ausatmen, bevor Sie zur nächsten übergehen. Nehmen Sie Dehnungen und Spannungen Ihrer Muskeln bewußt wahr. Strengen Sie sich in keinster Weise an. Nun stellen Sie sich vor – während Sie knien und tief rhythmisch weiter in den Bauch atmen – wie Ihr Körper die Bewegungen durchführt. Lassen Sie die Bewegungen vor Ihrem geistigen Auge ablaufen und stellen Sie sich dabei vor, wie sie sich in Ihrem Körper anfühlen würden. Dann wiederholen Sie die ganze Übungsfolge.

Um Ihren Körper biegsam zu halten, sollten Sie täglich üben. Beginnen Sie mit drei Abfolgen der Übungsreihe und steigern Sie dann allmählich auf zehn. Stellen Sie sich vor dem Beginn jeder Übungsfolge neu auf ihre Atmung ein, denn sie hat Einfluß auf die Geschwindigkeit, mit der Sie die Übungen durchführen.

Wenn Sie die Übungen beherrschen, können Sie die Folgen auch ineinander übergehen lassen. Dies gilt vor allem für Menschen mit einer Kapha-Konstitution. Aber denken Sie an das Zusammenspiel von Atmung und Bewegung. Am Ende bleiben Sie noch eine Weile in der knienden Haltung – körperlich entspannt und geistig ruhig – und spüren Sie Ihren Atem.

Die kniende Haltung

Knien Sie nieder, wobei Knie und Fersen sich nicht berühren sollten. Die großen Zehen stoßen aneinander. Dann lehnen Sie sich zurück, so daß Ihr Gesäß bequem auf Ihren Fersen aufsitzt. Die Hände ruhen auf Ihren Oberschenkeln, gerade über den Knien. Ihre Wirbelsäule sollte gerade, aber entspannt sein. Halten Sie Ihr Kinn so, daß Kopf und Nacken in der Verlängerung der Wirbelsäule liegen.

1 Aufwärtsstrecken

Atmen Sie im Knien, und
während Sie Ihr Gesäß heben,
strecken Sie gleichzeitig Ihre
Arme an den Ohren vorbei in
die Höhe. Die Handflächen
zeigen nach vorne, und die
Finger strecken sich zur Decke.

2 Die Ruhehaltung

Lassen Sie die Luft ausströmen
und beugen Sie sich vorwärts,
bis Ihr Kopf, Ihre Hände (die
sich nicht berühren) und Ihre
angewinkelten Ellenbogen auf
dem Boden ruhen. Ihr Gesäß
bleibt dabei auf Ihren Fersen.

3 Vierfüßlerstand

Atmen Sie ein und erheben Sie sich in den Vierfüßlerstand, ohne die Position von Händen und Füßen zu verändern. Kinn und Gesäß sind oben. Lassen Sie Ihren Unterleib und Ihren unteren Rücken gegen den Boden fallen, um die untere Rückenpartie weich durchzubiegen.

4a Vorbereitung

Bereiten Sie sich auf die Haltung im umgekehrten V vor, indem Sie die Zehen aufsetzen. Bleiben Sie aber auf allen Vieren.

4b Umgekehrtes V

Atmen Sie aus und stemmen Sie Ihre Hände vor sich in den Fußboden. Strecken Sie Ihre Beine, heben Sie Ihre Hüften, bis Ihr Körper ein umgekehrtes „V" beschreibt. Nehmen Sie den Kopf zwischen Ihre Arme, der Scheitel zeigt zum Boden, und versuchen Sie die Fersen auf den Boden zu bringen, aber erzwingen Sie nichts. Ihr Rücken und Ihre Schultern sollten eine gerade Linie bilden.

Anmerkung

Wenn sich Ihre Fersen in dieser Haltung nicht so leicht auf den Boden bringen lassen, versuchen Sie es einmal mit Auf-der-Stelle-Gehen: ein Knie anheben, während sich die Ferse des anderen Beins absenkt. Bleiben Sie mit Ihren Zehen auf dem Boden.

5 Zurück auf alle Viere

Atmen Sie ein und kehren Sie zur Ausgangsstellung zurück.

6 Rückkehr zu Ruhehaltung

Atmen Sie aus und kehren Sie zur
Ruhehaltung zurück.

7 Den Rücken strecken

Atmen Sie ein, strecken Sie
die Arme direkt vor sich aus.
Kommen Sie auf die Knie,
und bewegen Sie Ihren Körper
nach vorne, während Sie
die Hüften zu Boden sinken
lassen. Halten Sie die Arme
durchgestreckt, so daß Ihr
Körpergewicht auf Ihren
Handflächen ruht. Lassen
Sie das Kinn angehoben und
schauen Sie nach oben.

8 Rückkehr zur Ruhehaltung

Atmen Sie aus und kehren Sie zur
Ruhehaltung zurück.

9 Aufwärtsstrecken

Einatmen, in die Streck-
bewegung übergehen.

10 Rückkehr zur Kniehaltung

Ausatmen, kehren Sie zur knienden Haltung zurück, das Rückgrat
ist gerade, die Hände ruhen auf
den Oberschenkeln.

Arbeit und Freizeitaktivitäten einschätzen

Wenn Sie die Dosha-Eigenschaften Ihrer Arbeit oder Ihrer
täglichen Aktivitäten einschätzen, achten Sie auch auf die
Stärke des Einflusses, denn die kann sich im Laufe der
Zeit ändern. Die vorherrschenden Eigenschaften Ihrer
Bürotätigkeit können Ihr Kapha ansteigen lassen, aber
ein neuer Vorgesetzter, der Ihnen zusetzt oder Ihnen neue
Verantwortlichkeiten überträgt, wird wahrscheinlich
auch Ihr Vata und Pitta erhöhen.

Um Ihre Arbeit und Ihre Freizeitgestaltung richtig einzuschätzen, können Sie auf die folgenden Fragen (unten
und gegenüberliegende Seite) zurückgreifen. Geben Sie
selbst eine qualitative Beschreibung aller Aspekte Ihrer
Arbeit. Zusammen mit den Eigenschaften auf Seite 28-31
und 88 - 91 können Sie dann die Wirkung Ihrer Arbeit auf
Ihre Doshas einschätzen. Fragen Sie sich, welche Tenden-
zen ausbalanciert werden müssen, entweder durch Änderung Ihrer Arbeit (falls möglich) oder anderer Bereiche
Ihres Lebens, um eine Ausgewogenheit der Doshas zu
erreichen. Berücksichtigen Sie auch, wieviel Ausgleichs-
sport Sie treiben und was Sie in Ihrer Freizeit sonst noch
tun. Verbringen Sie Ihre Zeit auch mit den richtigen
Dingen?

Fragen, um die Arbeit einzuschätzen:

– Welche Fähigkeiten brauchen Sie bei Ihrer Arbeit?
– Welche intellektuellen, körperlichen oder emotionalen
  Anforderungen werden während Ihrer Arbeit an Sie
  gestellt?
– Wie ist Ihre Arbeitsumgebung beschaffen?
– Müssen Sie bei Ihrer Arbeit in einer bestimmten Stel-
  lung sitzen oder stehen oder einen Teil Ihres Körpers in
  einer bestimmten Haltung über lange Zeit belassen?
– Welche kleinen Erfahrungen machen Sie tagein, tagaus
  bei Ihrer Arbeit?
– Wieviel Zeit verbringen Sie vor einem Computer?
– Wie fühlen Sie sich bei Ihrer Arbeit?
– Gibt es im Zusammenhang mit Ihrer Arbeit schwierige
  zwischenmenschliche Beziehungen?

Fragen zur Freizeitgestaltung

– Wieviel Freizeit haben Sie am Tag/ in der Woche?
– Wieviel Bewegung haben Sie? Ist es zuviel oder nicht genug?
– Welchen Sportarten gehen Sie nach? Wie fühlen Sie sich an Geist und Körper während und nach dem Sport?
– Welche Hobbies haben Sie und womit vertreiben Sie sich die Zeit? Welche intellektuellen, körperlichen und emotionalen Erfahrungen spielen dabei eine Rolle? Welche Eigenschaften haben diese Beschäftigungen?
– Empfinden Sie vor, während oder nach Ihrer Freizeit irgendein Unbehagen, wie etwa Kopfschmerzen oder Müdigkeit?
– Sehen Sie fern oder hören Sie Musik? Welche anderen Sinneseindrücke haben Sie?
– Verbringen Sie regelmäßig Zeit, wenn auch nur kurz, mit Ihrem Partner, Ihren Kindern oder Freunden?

Ayurvedisches Profil: Martin

Alter: 45 Jahre

Größe: 1,79 m

Gewicht: 70,5 Kilo

Konstitution: Pitta

Mehr über Martin lesen Sie auf den Seiten 156-157 und 182-183.

Martin ist ein ehrgeiziger Rechtsanwalt, der von seinen Freunden als Workaholic bezeichnet wird. An seine Angestellten hat er unrealistische Anforderungen. Er trifft schnelle Entscheidungen, haßt Mißerfolge und ist jähzornig. In Arbeit versunken, kann er Mahlzeiten ausfallen lassen, wird dann aber sehr nörgelig und hat bei Arbeitsende Heißhunger. Er liebt italienisches und sehr scharfes mexikanisches Essen, spielt Squash und fährt schnelle Autos. Er leidet an übersäuertem Magen und hat häufig rote Flecken und Pusteln im Gesicht und am Hals. Ein- oder zweimal im Jahr hat er eine leichte Bronchitis. Während des vergangenen Jahres hatte er gelegentlich heftige Kopfschmerzen.

> **Deutung:** Martin leidet unter Pitta-Beschwerden. Durch seine Pitta-Konstitution hat er eine gute intellektuelle Auffassungsgabe und ist ehrgeizig, aber das überhöhte Pitta treibt ihn zu sehr an. Da er Mißerfolge fürchtet, gönnt er sich selbst keine Pause und hört auch nicht auf Ratschläge, bis sein Körper die Anstrengungen nicht länger aushält. Sowohl der Arbeit als auch seine Freizeitgestaltung erhöhen Pitta.

Der morgendliche Ablauf

Für Ihre Gesundheit und Vitalität ist ein regelmäßiger Ablauf wichtig, denn Ihr Körper paßt sich von alleine bereitwillig Ihren Gewohnheiten an. Oft scheint es am schwierigsten zu sein, sich gute Angewohnheiten zuzulegen. Ihr Verstand mag sich der Veränderung widersetzen oder Ihnen einreden, Sie verpaßten eine der angenehmen Seiten des Lebens. Aber wollen Sie nicht lieber ein paar Minuten am Tag für einige wenige einfache Regeln (siehe Seite 108-109) aufwenden, statt längere Zeit mit Unwohlsein oder Krankheit zu verbringen? Als Anstoß reicht manchmal schon ein anderer Blickwinkel.

Ihr morgendlicher „Fahrplan" wird wahrscheinlich davon bestimmt, rechtzeitig zur Arbeit zu kommen und die Kinder zu versorgen oder in die Schule zu bringen. Für etwas Neues oder anderes, so meinen Sie vielleicht, ist keine Zeit. Veränderung könnte bedeuten, Abläufe leicht umzugestalten oder früher aufzustehen (siehe Seite 112 - 113). Daher sollten Sie sich einen gesünderen morgendlichen Ablauf Schritt für Schritt angewöhnen und zunächst eine oder zwei kleine Änderungen einführen.

Der frühe Morgen ist die Haupt-Vata-Zeit. Für die Ausscheidung von Urin und Kot ist die Vata-Energie im Beckenraum verantwortlich. Der natürliche Ausscheidungsdrang, so wird im Ayurveda gelehrt, sollte am frühen Morgen gleich nach dem Aufwachen auftreten. Daneben ist es wichtig, sich zu strecken und ein paar gymnastische Übungen durchzuführen (siehe Seite 96 - 103). Auch dem Atem sollten Sie einige Minuten Beachtung schenken. All dies bereitet Körper und Geist auf die neue Aufnahme von Nährstoffen und Erfahrungen vor.

Morgendliche Übungen
Regelmäßige Dehnübungen und leichte Gymnastik als Teil Ihrer morgendlichen Gewohnheiten regen Ihren Stoffwechsel an.

Vorschläge für einen Start in den Tag

Die folgenden Vorschläge sind für alle Konstitutionstypen geeignet,
und daher sind Sie frei zu entscheiden, wie Sie Ihre morgendliche
Routine ändern wollen.

1 Bleiben Sie nach dem Aufwachen noch ein wenig im Bett liegen, und spüren Sie Ihrem Körper und Ihrer Haltung gegenüber den neuen Tag nach. Denken Sie an alle Ebenen Ihres Seins und Ihre Rolle in der Schöpfung. Welchen Schwierigkeiten und Herausforderungen Sie an diesem Tag auch gegenüberstehen, beginnen Sie ihn mit freundlichen, liebevollen Gedanken über sich selbst. Nehmen Sie eine dankende Haltung an, sie wird Ihr Herz für die Wunder und Segnungen des Universums öffnen. Versuchen Sie, diese bewußte Haltung in allen Ihren täglichen Aktivitäten zu wahren.

2 Vor dem Aufstehen reiben Sie Ihre Handflächen aneinander, und halten oder reiben Sie sie sanft über Ihr Gesicht. Spüren Sie, wie Energie und Lebenskraft in Ihr Dasein fließt.

3 Grüßen Sie sich selbst im Spiegel, um sich daran zu erinnern, daß Sie sich lieben und Selbstachtung haben.

4 Morgens sollten die natürlichen Bedürfnisse erwachen. Widmen Sie sich auf der Toilette Ihren Ausscheidungen (siehe 126-127).

5 Kratzen Sie sich mit einem Zungenspachtel oder einem Teelöffel über die Zunge. Sowohl das Verdauungssystem als auch die mit der Zunge verbundenen feinstofflichen Kanäle (vergleichbar mit den Meridianen) werden dadurch angeregt. Eine belegte Zunge kann auf Ama (siehe Seite 77) im Körper hindeuten, und das Kratzen hilft, etwas davon zu entfernen.

9 Nehmen Sie eine heiße oder warme Dusche oder ein Bad. An Ihren Kopf sollten Sie nur warmes Wasser lassen.

8 Ölen Sie Ihre Haut ein (siehe Seite 117).

7 Reinigen Sie Ihre Nase. Halten Sie ein Nasenloch geschlossen, während Sie das andere mit tiefen und auf keinen Fall kurzen, flachen oder gepreßten Atemzügen säubern. Die Schleimhäute werden vor dem Austrocknen bewahrt, wenn Sie jede Naseninnenseite mit Ihrem kleinen, in Sesamöl getauchten Finger bestreichen. Der Fingernagel sollte dafür kurz geschnitten sein.

10 Einige Dehnübungen (siehe Seite 98-103) oder Yoga tun jetzt gut. Danach etwas Ruhe oder Meditation.

6 Putzen Sie Ihre Zähne. Wenn Sie unter Parodontose leiden, massieren Sie Ihr Zahnfleisch mit Ihrer zuvor in Sesamöl getauchten Fingerspitze. Wiederholen Sie dies am Abend.

11 Kleiden Sie sich in frische, saubere und bequeme Kleidung, in Farben, die in ihren Wirkungen auf Ihre Doshas abgestimmt sind (siehe Seite 110 - 111).

12 Wenn es mit Ihrer Konstitution übereinstimmt, nehmen Sie nun ein Frühstück zu sich (siehe Seite 151).

Die Wirkung von Farben

Mit verschiedenen Farben sind unterschiedliche Eigenschaften verbunden. Die Farben können Vata, Pitta und Kapha zugeordnet werden, und sie haben Einfluß auf Ihr Wohlbefinden, vor allem bei Ihrer Kleidung, in Ihrem Heim und an Ihrem Arbeitsplatz.

Die unterschiedlichen Eigenschaften einer Farbe ergeben sich aus ihren Schattierungen oder Farbtönen. So wird Rot beispielsweise mit Hitze, Gewalt, Aggression, Leidenschaft, Kraft und Überlegenheit verbunden, aber es kann auch anregend, wärmend und behaglich sein.

Gelb und Orange

Gelb und Orange sind anregende und warme Farben, die Pitta ansteigen lassen. Bei einer Pitta-Konstitution oder einem hohen Pitta-Dosha sind die kräftigeren, dunkleren Abstufungen nicht geeignet. Die sonnigen gelben Farbtöne werden zu Depressionen neigenden Vatas Trost spenden.

Rot

Pitta wird durch Rot übermäßig stimuliert, Vata kann dagegen aufgewärmt werden und Kapha die nötige Anregung erhalten. Rosa ist sanfter, lieblicher und ruhiger, eine Kapha-Konstitution macht es aber gleichgültig. Mit einer Pitta-Konstitution sollten Sie kein rotes Auto fahren, da dies unter Umständen zu aggressiv macht.

Grün

Grün mit einem gelben Ton wird Pitta ansteigen lassen und Vata absenken. Blau-grüne Farben dagegen werden Pitta kühlen und beruhigen und Kapha ansteigen lassen.

Gold

Die Farbe der Sonne hat eine wärmende Wirkung und sollte bei einer Vata- oder Kapha-Konstitution zum Einsatz kommen. Silber ist die Farbe des Mondes und wirkt kühlend. Haben Sie eine Pitta-Konstitution, sollten Sie anstelle von Silber- eher Goldschmuck tragen.

Blau und Violett

Blau und Violett sind kühlende Farben. Sie stehen Menschen mit Pitta-Konstitution besonders gut.

Farbempfehlungen für die Konstitutionstypen

Um das vorherrschende Dosha zu beruhigen, richtet jeder Konstitutionstyp sein Heim idealerweise in den entsprechenden Farben ein, die sein dominierendes Dosha beruhigen. Die Heime von Vata-Typen können in warmen Pastelltönen leuchten, die der Pittas in kühle Blau- und Grüntöne getaucht sein und die der Kaphas in leuchtenden Mustern und Farben erstrahlen.

Kapha Kapha-Typen sollten Weiß vermeiden. Außer Grün- und dunklen Blautönen wirken alle Farben auf Kapha beruhigend. Helle, kräftige, leuchtende Muster und Farben regen Sie an.

Vata In Ihrer Garderobe werden vermutlich blaue und andere dunkle Farben vorherrschen. Schwarz, Braun und Blau aber sollten Sie am besten vermeiden. Ebensowenig passen sehr lebhafte Farben zu Ihnen, denn sie stören die Empfindlichkeit des nervösen Vata. Pastelltöne sind viel besser.

Pitta Sind Sie ein Pitta-Typ, sollten Sie Rot und Schwarz aus Ihrer Garderobe entfernen. Kühle, weiche, blasse und bläuliche Farben sind für Sie ideal.

Wie beginnen Sie den Tag?

Unseren Erfahrungen zwischen dem Aufwachen und dem Beginn des Tagwerks schenken wir in der Regel wenig Aufmerksamkeit. Was Sie in welcher Reihenfolge morgens tun, sollten Sie einmal zusammentragen (siehe unten). Wie fühlen Sie sich beim Aufwachen, und welche Haltung haben Sie gegenüber dem neuen Tag? Diese Liste können Sie mit dem vorgeschlagenen morgendlichen Ablauf auf Seite 108 - 109 vergleichen, um einzuschätzen, ob Veränderungen notwendig sind. Falls ja: Welche Veränderungen würden Sie gerne vornehmen (beispielsweise 20 Minuten früher aufstehen, um Dehnübungen zu machen oder in Ruhe zu frühstücken) und wie können Sie diese einführen?

Gehört es auch zu Ihren morgendlichen Verpflichtungen, ein oder mehrere Kinder zu wecken und für die Schule fertig zu machen? Dann notieren Sie auch, was Sie für das Kind/die Kinder tun und wie Sie sich dabei fühlen. Wenn Ihr Kind für sich selber sorgen könnte, würden Sie dann gerne einige dieser Gewohnheiten und Haltungen annehmen?

Um sich über seine morgendliche Routine klarer zu werden, können die folgenden Fragen hilfreich sein.

– Zu welcher Zeit wachen Sie auf? Läßt Ihnen das genug Zeit, um sich ohne zu hetzen auf den Tag vorzubereiten?
– Wie lange liegen Sie vor dem Aufstehen noch im Bett? Freuen Sie sich auf den neuen Tag?
– Müssen Sie morgens als erstes zur Toilette, um Darm und Blase zu entleeren? Folgen Sie diesem Bedürfnis? Benötigen Sie zwei oder drei Anläufe zur Darmentleerung? Brauchen Sie Tee oder Kaffee, um Ihren Darm anzuregen?
– Wieviele Tassen Tee oder Kaffee trinken Sie morgens?
– Ist Ihre Haut trocken? Ölen Sie sich regelmäßig ein oder verwenden Sie austrocknende Produkte, wie Körperpuder oder Parfüms auf Alkoholgrundlage?
– Dehnen Sie Ihren Körper oder machen Sie Übungen?
– Meditieren Sie oder nehmen Sie sich Zeit, Ihre Gedanken zu sammeln?
– Läuft der Fernseher oder das Radio? Sind es Hintergrundgeräusche oder achten Sie darauf?
– Falls Sie frühstücken, zu welcher Zeit tun Sie das?
– Sitzen Sie beim Frühstück oder stehen Sie?

Ayurvedisches Profil: Vicky

Alter: 60 Jahre

Größe: 1,61 m

Gewicht: 48 Kilo

Lesen Sie mehr über Vicky auf Seite 156.

Konstitution: Vata

Vor etwa sechs Monaten ging Vicky in Rente. Die meiste Zeit in ihrem Leben litt sie unter Verdauungsstörungen, schwankendem Appetit, Blähungen und wechselweiser Verstopfung und Durchfällen; andererseits war sie nie ernsthaft krank gewesen. Sie hat eine trockene Haut, einen trockenen Husten und oft kalte Füße; sie friert leicht. Sie schläft unregelmäßig und fühlt sich die meiste Zeit erschöpft. Neuerdings bemerkt sie Zuckungen in ihren Händen und Fingern.

Vicky leidet unter allgemeiner Ängstlichkeit, die es ihr nicht erlaubt sich zu entspannen. Ihre Zunge ist belegt, und sie hat Mundgeruch. In ihrem Leben gibt es wenig Gleichmaß. So geht sie, je nachdem wie sie sich fühlt, zwischen acht Uhr abends und Mitternacht zu Bett. Für gewöhnlich geht sie spazieren und gibt dies als Grund an, keine weiteren körperlichen Anstrengungen zu unternehmen. Ihre Gedanken springen von Einfall zu Einfall, und sie plant mehr, als sie jemals beenden wird.

Interpretation: Vickys Beschwerden lassen sich auf ein Übermaß an Vata-Energie zurückführen. Ihre Berentung bringt weitere Veränderungen mit sich und steigert so die Vata-Energie noch. Der schlechte Atem und die belegte Zunge deuten auf Giftstoffe hin, die vielleicht aus der mangelhaften Verdauung (durch das überhöhte Vata) und einer falschen Nahrungszusammenstellung herrühren. Um ihr Vata zu beruhigen, wäre ein tägliches Gleichmaß das Beste, aber sich daran zu gewöhnen und es aufrechtzuerhalten, damit tut Vicky sich schwer.

Nun führt sie einen neuen morgendlichen Ablauf ein. Sie steht um halb sieben auf und wartet auf die Darm- und Urinentleerung, die regelmäßig eintritt, seit sie jeden Abend Triphala (siehe Seite 128-129) zu sich nimmt. Vor dem Duschen reibt sie sich mit Sesamöl ein und reinigt ihren Mund und ihre Nase. Sie besucht nun einen wöchentlichen Yoga-Kurs. Jeden Tag macht sie eine halbe Stunde Yoga mit einer zehnminütigen Ruhepause. Sie frühstückt um 7.45 Uhr.

Seitdem sie in Rente ist, achtet Vicky auf die Farben ihrer Kleidung. Noch greift sie beim Einkaufen zuerst nach ihrer Lieblingsfarbe Blau, aber sie hat beschlossen, auch Rosa und Beige zuzulassen. Vor allem im Winter könnte sie es auch mit warmen Rottönen versuchen.

Nach Hause kommen

Der späte Nachmittag und der frühe Abend sind Vata-Zeiten. Die meisten Menschen verlassen ihren Arbeitsplatz, fahren nach Hause und wechseln ihre Tätigkeiten. Diesen täglichen Anstieg an Vata-Energie auf Ihren Abend auszudehnen ist denkbar einfach. Sie brauchen nur nach Hause zu gehen, zu duschen, frische Kleider anzuziehen und sich zehn Minuten Ruhe zu gönnen. Nutzen Sie diese Zeit, um sich selbst von den Ereignissen des Tages zu lösen und sich daran zu erinnern, „wer Sie wirklich sind" (siehe Seite 166 -177).

Belange der Arbeit gehören nicht in Ihr häusliches Umfeld. Falls die Arbeit Sie doch beschäftigt, versuchen Sie die Gedanken zur Seite zu schieben, bis der rechte Moment dafür gekommen ist. Lassen Sie sich bei Handlungen und Entscheidungen über Ihre Belange von Ihrer Intuition leiten. Es kann eine Weile dauern, bis das gut funktioniert, aber Ihre Ehrlichkeit und Ausdauer werden belohnt werden.

Konflikte und Schwierigkeiten zu Hause können Sie ebenfalls in dieser Ruhezeit angehen, indem Sie an Ihre innere Weisheit anknüpfen. Aber vielleicht lassen Ihnen Ihr Haushalt oder ein vorzubereitendes Abendessen auch keine ruhige Minute. Doch denken Sie daran: Den Unterschied macht Ihre bewußte Haltung gegenüber den Dingen. Von Ihrer inneren Weisheit sind Sie niemals getrennt.

Essen Sie zu Abend, damit die Nahrung noch vor dem Schlafen verdaut werden kann. Zwischen Essen und Zubettgehen sollten mindestens zwei Stunden liegen. Verbringen Sie jeden Abend etwas Zeit ohne die heutigen Ablenkungen, wie Telefon und Fernseher, mit Ihrer Familie, Ihren Kindern, Ihrem Parter oder mit sich selbst. Richten Sie Ihre Aufmerksamkeit ungehindert vom Bedauern der Vergangenheit und den Sorgen um die Zukunft auf die Gegenwart. Auch wenn Sie aufgrund der Müdigkeit reizbar und bissig sind, hören Sie einander zu und lassen Sie dem gegenseitigen Verständnis Zeit und Raum. Das wird Spontaneität und Einfühlungsvermögen fördern.

Innere Ruhe
Am Ende eines Arbeitstages sollten Sie einige Momente die Augen schließen und mit Ihrer inneren Schönheit und Ihrem inneren Frieden in Verbindung treten.

Die Liebe

Die Kapha-Zeit am Abend ist die natürliche Zeit für die Liebe; denn der Geschlechtsakt läßt Vata in dem Maß ansteigen, wie Energie von Körper und Geist verbraucht wurden.

Die befriedigende sexuelle Vereinigung zweier Menschen verbessert die Gesundheit, die Lebensfreude, das Ojas (siehe Seite 56) und auf diese Weise die Widerstandsfähigkeit gegen Krankheiten. Allerdings kann sich die Vereinigung nur mit der Zeit entwickeln, und jeder Partner muß darauf achten, daß der andere körperlich, geistig und emotional sowie in seinen tiefen inneren Schichten befriedigt wird. Nur so kann sich Vertrauen aufbauen, das die Mauern des innersten Seins zu Fall bringt und ein Öffnen füreinander und für das gemeinsame Erleben des Orgasmus ermöglicht.

Gegenseitige Befriedigung kann nicht schnell erreicht werden und braucht einen gewissen Rahmen. Alle Sinne sollten angesprochen werden, obwohl Berührung und Geruch die wesentlichsten Sinne der Intimität sind. Blumen, leise Musik und süßes Essen sorgen ebenso für eine angenehme Umgebung wie ein warmes Bad mit wohlriechenden Ölen. Gesunder Sex erfordert aber auch die Reinheit der völligen Bewußtheit (siehe Seite 176 - 177).

Wer der Wollust frönt und unbefriedigenden Sex hat, wird durch überhöhte Doshas seiner Gesundheit schaden, sein Ojas verlieren und krankheitsanfällig werden. Übermäßiger Verlust von Geschlechtsgewebe (z.B. Samen und Samenflüssigkeit) schwächt andere Gewebearten (Dhatus), und das angestiegene Vata verstärkt dies noch durch die Austrockung der Zellen. Auch die Gefühle, und in ihrem Gefolge die Doshas, werden durch unbefriedigenden Sex gestört, so vor allem Pitta durch Ärger und Enttäuschung, aber auch Vata durch Furcht oder Verletzlichkeit und Kapha durch Besitzsucht.

Ein Verlangen nach Wollust kann zu Abhängigkeit vom Sex und zu häufigem Partnerwechsel führen. Dahinter steht der verzweifelte Versuch, jene der sexuellen Vereinigung innewohnende tiefe Befriedigung zu erlangen. Vatas beispielsweise mögen ihre Partner wechseln, weil sie Befriedigung in neuen Erfahrungen suchen.

Geschlechtsgewebe

Das reproduzierende Gewebe wird durch Milch, Honig, Ghee (Butterschmalz) und Zwiebeln genährt. Aber Zwiebeln bringen den Körper in Wallung und können so zu weiterem sexuellen Verlangen führen. Um die Gewebe (Dhatus) nach der Liebe wieder aufzufüllen, ist warme Milch mit Honig und Mandeln empfehlenswert.

Einölen

Um das Vata zu beruhigen, der Austrocknung entgegenzu-
wirken und die Ängstlichkeit zu mildern ist Einölen ein
guter Weg. Versuchen Sie, sich mindestens drei mal in der
Woche einzuölen, wenn Sie eine Vata-Konstitution haben
oder im Vata-Alter (Seite 10) sind. Wenn es keine ander-
weitigen Bedenken gibt, wird jedem empfohlen, seinen
Körper einmal in der Woche einzuölen.

Im Ayurveda bevorzugt man Sesamöl. Es wärmt, ist
schwer und hat eine sehr beruhigende Wirkung auf Vata.
Da Kapha von Natur aus ölig ist, sollte, wer ein überhöhtes Kapha hat, Öle nur sehr sparsam verwenden. Auf Pittas kann Sesamöl zu erhitzend wirken, hier wären Son-
nenblumen- oder Kokosnußöle verträglicher.

Benutzen Sie keine Öle:

– wenn Sie in medizini-
scher Behandlung
oder schwanger sind
oder nur mit Wissen
und Zustimmung
Ihres Arztes oder
Therapeuten.
– auf schmerzhaften Be-
reichen, es sei denn,
Ihr Therapeut oder
Masseur gibt Ihnen
Anweisungen.
– auf geschädigter oder
entzündeter Haut
oder offenen Wunden.
– innerhalb einer Stunde
nach dem Essen.
– wenn Sie einen dicken
Belag auf der Zunge
haben.

Tips für den richtigen Umgang mit Öl

– Vor allem Sesamöl dringt sehr leicht ein und ist nur schwer aus Textilien zu entfernen. Schonen Sie
Ihre guten Handtücher und reservieren Sie sich eines extra für diesen Zweck. Nach dem Einölen
sind Baumwollsocken angenehm, sie schützen Boden und Bettwäsche.
– Wenn Sie nach dem Einölen ein Bad oder eine Dusche nehmen, tragen Sie kein Öl auf die Fußsohlen
auf, denn Sie könnten ausrutschen. Vorsicht im Bad oder unter der Dusche, da überschüssiges Öl
einen dünnen Film bildet. Säubern Sie das Bad anschließend sofort.
– Warmes Öl ist angenehm und dringt auch besser in die Haut ein als kaltes Öl.
– Bei langem Haar ist das Öl manchmal schwierig auf die Kopfhaut aufzutragen. Mit einer kleinen
Haushaltsflasche mit Tülle können Sie das Öl langsam Bahn für Bahn auf Ihre Kopfhaut laufen las-
sen. Danach massieren Sie es ein.
– Die Ölflasche läßt sich in einer Schüssel mit warmem Wasser erwärmen.
– Legen Sie Papierhandtücher bereit, um Ihre Hände und eventuelle Spritzer abzuwischen.

Richtiges Einölen

- Hinter dem Einölen sollte der Wunsch stehen, sich selbst und seinem Körper etwas Gutes zu tun. Richten Sie Ihre Aufmerksamkeit auf den gerade eingeölten Körperteil.
- Sie sitzen auf einem großen, am Boden liegenden Tuch an einem warmen Ort.
- Seien Sie mit dem Öl zunächst sparsam, und tragen Sie erst dann mehr auf, wenn es eingezogen ist. Umfassen und umfahren Sie die Konturen Ihres Körpers mit beiden Händen. Tragen Sie das Öl in großzügig kreisenden Bewegungen und langen Bahnen von den Extremitäten hin zur Körpermitte auf. Vatas sollten sanft mit sich selbst umgehen, Kaphas können ruhig etwas kräftiger massieren.

Die Kopfhaut massieren

Die Massage Ihrer Kopfhaut mit Öl wird Sie beruhigen und entspannen. Das Vata wird gedämpft, und Gefühle von Angst und Unsicherheit vergehen.

Kopf und Füße einölen

Um zur Nacht Ruhe und Schlaf zu finden, reicht es auch, Kopf und Füße einzuölen. Etwas Öl wird dabei auf den Scheitel aufgetragen und mit den Fingerspitzen einmassiert. Mögen Sie kein Öl auf Ihrem Kopf, tragen Sie es auf Stirn und Schläfen auf. (Ein Handtuch schützt Ihr Kopfkissen.) Auf dem Boden sitzend, tragen Sie etwas Öl auf Ihre Fußsohlen auf und massieren Sie es für etwa eine Minute ein. Ziehen Sie danach Baumwollsocken an.

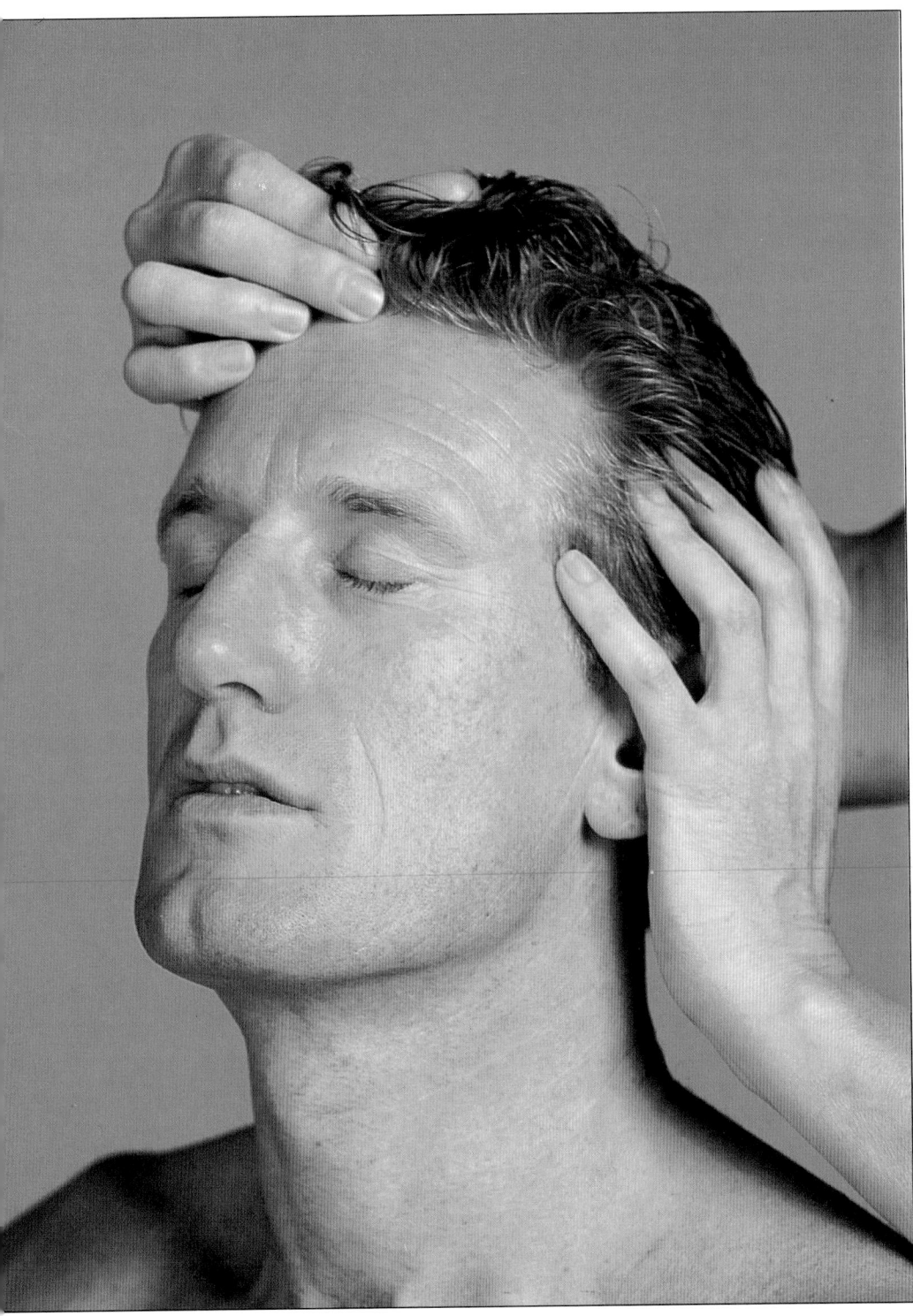

So ölen Sie sich richtig ein

- Zunächst etwas Öl in Ihre Finger, Daumen und Hände einmassieren.
- Dann arbeiten Sie sich die Arme hinauf zu den Schultern und den Achseln.
- Nun ölen Sie Ihre Zehen ein, vor allem das Nagelbett, und massieren das Öl aufwärts vom Spann die Beine hinauf.

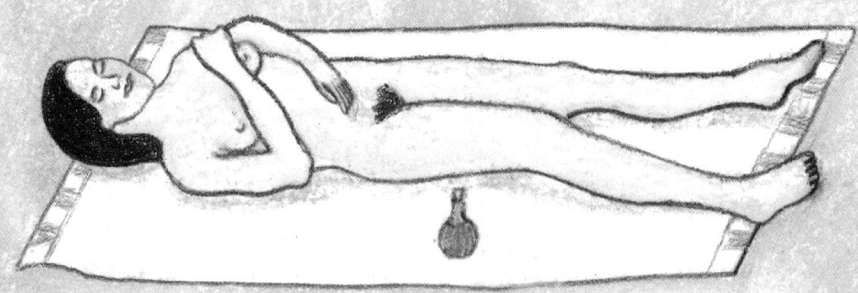

- Um Ihren Unterleib einzuölen, gibt es eine sehr bequeme Haltung: Legen Sie sich mit angewinkelten Knien rücklings auf den Boden. Natürlich geht es auch im Sitzen oder Stehen. Eine Hand liegt flach auf dem Unterleib, die andere legen Sie darüber. Massieren Sie in Richtung der Darmbewegungen: Beginnen Sie rechts unten, streichen Sie hinauf bis kurz unterhalb des Rippenbogens, dann über die Mitte zur linken Seite und von dort hinunter zur linken und dann zur rechten Hüfte.

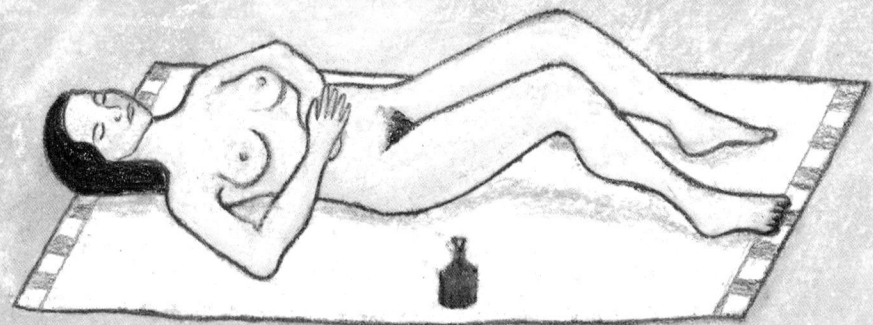

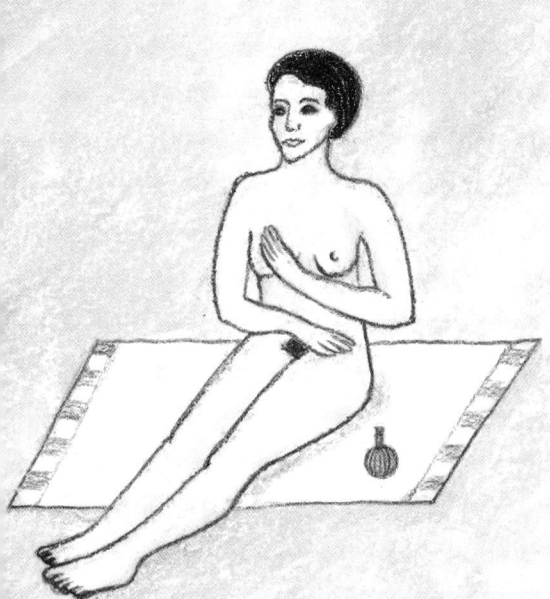

– Von der Hüfte aus massieren Sie Öl
  abwechselnd in horizontalen Bewegungen
  hinauf bis in die Armbeugen (um die Brüste
  herum), immer von der Seite zur Körpermitte hin.

– Ölen Sie nun Schlüsselbein und Schultern ein.
– Die Rückseite Ihres Halses massieren Sie kräftig mit Ihren Fingern, an
  der Vorderseite seien Sie sanfter.
– Sanft, aber doch bestimmt massieren Ihre Fingerspitzen das Öl in Ihre
  Gesichtshaut (ohne die Augenpartie) ein. Wenn Sie mögen, nehmen
  Sie Ihre Kopfhaut noch dazu.
– Am Rücken sollten Sie nur die leicht erreichbaren Stellen einölen.
– Wenn Sie fertig sind, duschen oder baden Sie.

Einölen mit einem Partner

Es kann sehr entspannend sein, wenn das Öl von jemand anderem aufgetragen wird, zum Beispiel vom Partner oder einem guten Freund. Es reicht schon, wenn Ihr Rücken oder Kopf und Füße oder Ihr Gesicht eingeölt werden, es braucht nicht gleich der ganze Körper zu sein.

Davon, welche Körperteile eingeölt werden sollen, hängt ab, in welcher Lage Sie sitzen oder liegen. Bequem sollte es sein. Während Sie sich entspannen, sinkt Ihre Körpertemperatur ein wenig, und Sie sollten darauf achten, daß nur der massierte Körperteil unbedeckt ist. Wenn Sie Kälteschauer spüren, können Sie sich nicht entspannen. Auch sollte Ihre Freundin warme Hände haben. Sagen Sie ruhig, ob der Druck bei der Massage für Sie zu fest, zu leicht oder gerade richtig ist.

Vorbereitungen

Auch Ihre Freundin sollte bequem sitzen oder stehen, um Rückenbeschwerden durch eine schlechte Haltung zu vermeiden. Legen Sie sich auf einen Massagetisch oder den Boden und vermeiden Sie das Bett, denn es bietet Ihnen wenig Halt und hat für Ihren Partner immer die falsche Höhe. Die Kleidung Ihres Partners muß vor dem Öl geschützt werden. Dazu dient ein Handtuch entweder als Schürze oder es liegt auf dem Schoß, wenn die Finger massiert werden.

Um das Öl in Ihre Haut einzumassieren, macht Ihr Partner mit seinen Fingern oder Händen kreisende Bewegungen auf Ihrer Haut, je nachdem, welcher Körperteil gerade eingeölt wird.

Für das Vata-Alter

Gegen die im Vata-Alter (ab 55) einsetzende Trockenheit ist Einölen sehr wohltuend. Viele Menschen im fortgeschrittenen Vata-Alter mögen es gerne, wenn Öl sanft in ihre Hände gerieben wird. Ein Tropfen Lavendelöl auf einen Teelöffel (5ml) des Massageöls erhöht das Wohlbefinden.

Schlafen und Träumen

Der Abend ist eine Kapha-Zeit, und eine natürliche Schwere überfällt Geist und Körper. Die wichtigste Voraussetzung für einen guten Schlaf sind die Aufarbeitung aller geistigen und emotionalen Tagesereignisse sowie die vollständige Verdauung der Nahrung.

Zuviel Schlaf läßt das Kapha ansteigen, und daher sollten Kapha-Typen und Menschen mit einem Überschuß an Kapha nicht während des Tages schlafen oder Wochenenden im Bett verbringen. Um ihr Nervenkostüm wieder zu erneuern, brauchen Vatas viel Ruhe und sollten Nachtschichten und zu spätes Zubettgehen unbedingt vermeiden. Pittas schlafen tief und fest, sie brauchen im allgemeinen weniger Schlaf als die andernen Dosha-Typen und erwachen für gewöhnlich mit wachen Geist.

Schlafschwierigkeiten können zu den Doshas in Beziehung gebracht werden. Leichtes Einschlafen und schweres Aufwachen kann ein Anzeichen von überhöhtem Kapha sein. Aufwachen um Mitternacht deutet auf ein erhöhtes Pitta hin. Schwierigkeiten beim Zubettgehen, häufiges Aufwachen – vor allem zwischen zwei und vier Uhr morgens – läßt auf ein zu hohes Vata schließen.

Zubettgehen heißt für Geist und Körper, schlafen zu gehen. Das sollten Sie üben, wenn es Ihnen schwerfällt, schlafen zu gehen. Zwischen zehn und elf Uhr abends ist die beste Zeit, zu Bett zu gehen. Kopf und Füße werden mit Sesamöl massiert (siehe Seite 118), eine Tasse Milch (siehe Seite 160) steht bereit.

Ein behagliches Schlafzimmer

Frische Bettwäsche, warme Beleuchtung und sanfte Musik gehören in ein Schlafzimmer. Fernseher oder Lesematerial sind vom Bett zu verbannen, es sei denn, es handelt sich um ein Buch mit anregenden Zitaten.

Träume

Während des Schlafes zieht der Geist die Sinne von der äußeren Welt zurück. Tageserlebnisse werden verarbeitet und unerfüllte Wünsche ausgelebt. Teile dieser Abläufe fallen Ihnen wieder ein, wenn Sie sich an Ihre Träume erinnern.

Auch Träume können zu den Doshas in Beziehung stehen. Vata-Träume gehen entweder mit aktiver Bewegung, wie etwa Fliegen, Jagen, Springen oder tiefem Fallen, einher, oder sie sind furchterregend. In Pitta-Träumen tauchen scharfe Gegenstände oder Kämpfe auf, sie sind gewalttätig oder zornerfüllt. Kapha-Träume sind sanft mit ruhigen Wassern, Seen oder Meeren.

Ihre Träume stehen mit Ihrem vorherrschenden Dosha in Beziehung (siehe Seite 38-41). Ändert sich die Traumart, deutet das auf ein Dosha-Ungleichgewicht hin (siehe Seite 62). Haben Sie plötzlich Träume mit Vata-Eigenschaften, kann dies ein Hinweis auf ein angestiegenes Vata-Dosha sein.

Ihre Träume sind für gewöhnlich typisch für Sie. Trauen Sie sich, sie zu deuten. Die Leute, Gegenstände, Situationen und Beziehungen in Ihren Träumen können Sie ruhig hinterfragen. Ihre innere Weisheit wird Sie dabei leiten und Sie zu den Einsichten führen, die für Sie von Nutzen sind.

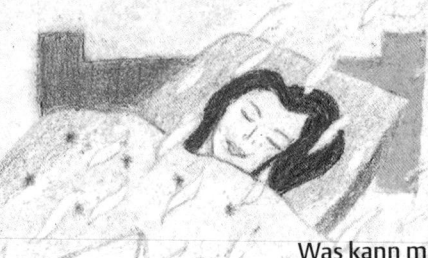

Was kann man gegen Schlafstörungen tun?

- Setzen Sie sich auf Ihr Bett und spüren Ihren Atem für eine Weile, danken Sie für die Tagesereignisse, die Freuden und den Kummer.
- Nun gehen Sie zu Bett und löschen das Licht.
- In einer bequemen Schlafposition spüren Sie weiterhin ihrem Atem nach. Ruhelosigkeit, das wissen Sie, rührt von überschüssiger Vata-Energie her, die zappeln will.
- Spüren Sie weiter Ihrem Atem nach. Stellen Sie sich vor, wie sich Ihr Körper im Schlaf anfühlt. Lassen Sie Ihre Atemzüge immer tiefer werden. Wachen Sie nachts auf, wiederholen Sie diese Übung. Nach einer schlaflosen Nacht fühlen wir uns am nächsten Tag oft müde, aber nach dieser Übung wird zumindest Ihr Körper ausgeruht sein.

Verstopfung

Der Darm ist Sitz des Vata (siehe Seite 46) und zugleich ein wichtiges Organ für allgemeines körperliches Wohlbefinden. Er ist Teil der Nahrungs- und Prana-Kanäle: In einem kranken Darm sind die Ausscheidung und Verdauung behindert, und es wird weniger Prana aus der Nahrung aufgenommen. Darüber hinaus können Giftstoffe in den Körper aufgenommen werden; auch das Vata kann ansteigen und sich unter Umständen auf andere Teile des Körpers ausbreiten.

Chronische Verstopfung wird gerne mit einem überhöhten Vata in Verbindung gebracht, kann aber auch auf einen Anstieg eines anderen Doshas zurückzuführen sein. Die übermäßige Hitze von Pitta führt zu trockenen Stühlen. Zu viel Schleim in den Eingeweiden (erhöhtes Kapha) oder eine Ansammlung unverdauter Nahrung oder Ama können die für die Ausscheidung verantwortliche Abwärtsbewegung der Vata-Energie blockieren.

Chronische Verstopfung und Winde werden hauptsächlich durch falsche Ernährungsgewohnheiten verursacht. Dazu kommen manchmal noch andere Umstände, wie Schlafmangel oder Angst, die das Vata ansteigen lassen (siehe Seite 65). Auch ständiges Unterdrücken der natürlichen Ausscheidungsbedürfnisse sowie der übermäßige Gebrauch von Abführmitteln führen zur Verstopfung. Sie alle bringen die natürliche Fähigkeit des Körpers, sich selbst zu regulieren, durcheinander.

Der frühe Morgen ist die beste Zeit für die Ausscheidung, denn er ist Vata-Zeit. Wer um sechs Uhr morgens aufwacht, um auf den natürlichen Drang nach Ausscheidung zu warten, und sich dann völlig und befriedigend entleert, wird der Gesundheit seines Darmes dienen.

Die hockende Haltung

Ihre Beine stehen hüftweit auseinander, Ihre Zehen zeigen nach außen. Soweit es für Sie bequem ist, lassen Sie sich nun langsam in die Hocke gleiten. Wippen Sie noch ein paarmal auf und ab, bis Sie richtig gut hocken.

Irgendwann werden Sie mit den Armen Ihre Knie umfassen können, doch dafür sollten Sie viele Wochen üben. Wenn Ihnen diese Haltung unbequem wird, brechen Sie sie einfach ab. Auf keinen Fall etwas erzwingen!

Knie-zur-Brust-Übungen

1 Sie liegen auf dem Boden und winkeln Ihr rechtes Knie an. Ihren Unterschenkel halten Sie knapp unterhalb Ihres Knies und ziehen ihn in Richtung Unterleib. Dann lassen Sie Ihr Bein wieder los und legen es auf den Boden. Wiederholen Sie diese Abfolge mit dem anderen Bein.

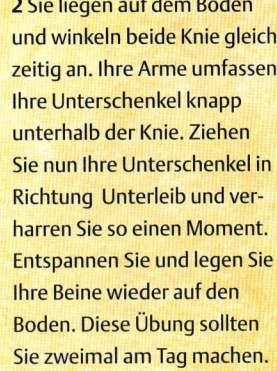

2 Sie liegen auf dem Boden und winkeln beide Knie gleichzeitig an. Ihre Arme umfassen Ihre Unterschenkel knapp unterhalb der Knie. Ziehen Sie nun Ihre Unterschenkel in Richtung Unterleib und verharren Sie so einen Moment. Entspannen Sie und legen Sie Ihre Beine wieder auf den Boden. Diese Übung sollten Sie zweimal am Tag machen.

Hilfen gegen chronische Verstopfung

– Prüfen Sie Ihre Ernährung besonders im Hinblick auf eine unangemessene Zusammenstellung an Nahrungsmitteln sowie auf ein Übermaß an Vata bildender Nahrung (siehe die „Nein"-Spalte bei den Nahrungsmittel-Tabellen Seite 133 - 143). Prüfen Sie auch andere Umstände, die Ihre Doshas stören, und nehmen Sie langsame Veränderungen in Ihrer Ernährung oder Ihrem Lebensstil vor.

– Ihr Darm sollte sich an eine regelmäßige Entleerung gewöhnen. Selbst wenn Sie keinen Drang verspüren, sich zu entleeren, gehen Sie nach dem Aufstehen zur Toilette. Im Sitzen oder in der Hocke ziehen Sie Ihre Aftermuskulatur dreimal hintereinander kräftig zusammen und entspannen Sie wieder. Vermeiden Sie es, beim Stuhlgang zu pressen.

– Ein Glas warmes Wasser regt den Ausscheidungsreflex an.

– Nehmen Sie vor dem Zubettgehen Triphala (siehe Seite 128 - 129).

– Die auf der gegenüberliegenden Seite beschriebene Hocke nehmen Sie zweimal am Tag ein, falls möglich auch beim Stuhlgang, denn sie erleichtert die vollständige Entleerung.

– Machen Sie die Knie-zur-Brust-Übung zweimal am Tag.

Triphala

Triphala ist eine aus drei Früchten bzw. Kräutern hergestellte ayurvedische Kräutermischung aus Amalaki
(*Embelica officinalis*), Bibhitaki (*Terminalia belerica*) und
Haritaki (*Terminalia chebula*). Die Zusammenstellung
dieser Kräuter reguliert alle drei Doshas. Triphala wird
meist als Pulver angeboten, aber wer den Geschmack
nicht mag, kann es auch in Tabletten oder Kapseln erhalten.

> **Vorsicht:** Bei Durchfäl-
> len, Ruhr oder während
> der Schwangerschaft ist
> Triphala nicht einzuneh-
> men bzw. abzusetzen.

Triphala hat eine abführende Wirkung, macht aber
weder abhängig, noch zerstört es die gesunde Darmflora.
Der Darm wird reguliert und regeneriert, Stoffwechsel
und Verdauung normalisieren sich, und Blähungen gehen
ab. Es hilft bei der Gewichtsabnahme, indem es das Entfernen von Giftstoffen sowie Fett aus den Zellen unterstützt. Außerdem enthält es viel Vitamin C.

Als allgemeines Tonikum und Darmregulans kann Triphala täglich eingenommen werden. Wenn Sie es über
einen längeren Zeitraum einnehmen, ist nach etwa zehn
Wochen eine zwei- bis dreiwöchige Pause empfehlenswert.
Der Körper wird sich sonst an die regelmäßige Zufuhr
gewöhnen und die Wirkung abschwächen, obwohl keine
Gefahr einer Abhängigkeit besteht. Abends, etwa eineinhalb Stunden nach dem Abendessen und eineinhalb Stunden vor dem Zubettgehen, ist die beste Zeit, um Triphala
einzunehmen. In jedem Falle sollte man in den nächsten
eineinhalb Stunden nichts mehr essen.

Wieviel Triphala für Sie richtig ist, finden Sie selbst
heraus. Mehr als eine Teelöffel (5ml) am Tag sollte es
allerdings nicht sein. Zu Beginn reichen ein viertel oder
ein halber Teelöffel (1,25 – 2,5 ml), die Menge können Sie
langsam steigern. Vielleicht nehmen Ihre Winde zu
Beginn der Einnahme zu. Triphala erzeugt diese Gase
nicht, sondern hilft nur, alte, in Taschen der Eingeweide
gefangene Gase zu befreien. Bei Durchfällen zu Beginn
der Einnahme sollten Sie die tägliche Dosis herabsetzen.

Amalaki

reguliert die Pitta-Energie

Haritaki

reguliert die Vata-Energie

Bibhitaki

reguliert die Kapha-Energie

Die Zubereitung von Triphala

Es gibt mehrere Möglichkeiten, Triphala zuzubereiten. Probieren Sie aus, welche am ehesten zu Ihnen und Ihren täglichen Gewohnheiten paßt. Die stärkste Wirkung erzielt man, wenn man es simmern läßt, die schwächste, wenn man es nur einweicht und die Flüssigkeit ohne den Bodensatz trinkt.

– Weichen Sie es in einer Tasse Wasser bei Zimmertemperatur acht Stunden lang ein. Trinken Sie die Mischung ohne den Bodensatz.

– Mischen Sie es in einer Tasse mit lauwarmem Wasser. Trinken Sie die Mischung mitsamt dem Bodensatz.

– Füllen Sie es in eine Tasse und gießen Sie kochendes Wasser auf. Vor dem Trinken fünf Minuten ziehen lassen. Mit oder ohne Bodensatz trinken.

– Mit etwa eineinhalb Tassen Wasser zwanzig Minuten vor sich hinsimmern lassen – wenn Sie es kräftiger möchten, auch länger ziehen lassen.

Nahrung und Ernährung

मात्रावद्द्रव्यशनमशितमनुपहत्य प्रकृतिं
बल्वर्णसुखायुषा योजयत्युपयोक्तारमवश्यमिति ॥

In angemessener Menge hilft Nahrung dem Individuum sicherlich, Kraft,
Charakter, Glück und Langlebigkeit aufzubauen, ohne das Gleichgewicht
der Dhatus (Gewebe) und Doshas im Körper zu stören.
(**Charaka Samhita**, *Kapitel 5:8*)

Seit Jahrtausenden wird im Ayurveda gelehrt, welch
große Rolle die Eigenschaften unserer Nahrung für die
Gesundheit haben. Die fünf Elemente (siehe Seite 22), aus
denen alle Materie besteht, sind Ausdruck des Bewußt-
seins. Beim Essen werden neben der Nahrung an sich
auch ihre feinstofflichen Wirkungen sowie Prana aufgenommen. Jede „Verfeinerung" bei Herstellung und Zubereitung verändert die Eigenschaften eines Nahrungsmittels. Nahrung ist ein Teil des Lebendigen, und sowohl
seine sichtbaren wie auch seine feinstofflichen Eigenschaften haben Einfluß auf Ihr persönliches Wohlergehen.

Nicht immer ist die direkte Verbindung zwischen den
Eigenschaften von Nahrung und ihren Auswirkungen auf
die Gesundheit offensichtlich. Einerseits hängt dies mit
der Vielfalt und Verschiedenartigkeit westlicher
Ernährungsformen zusammen und andererseits mit den
Wirkungen, die der Verdauungsvorgang auf die Nahrung
hat. Acht charakteristische, in der *Charaka Samhita* auf-
geführte Einflußgrößen werden Ihnen helfen, die für Sie
richtige Ernährung zusammenzustellen. Ob Ihre
Ernährung unter den gegenwärtigen Verhältnissen für
Sie passend ist, oder wo Sie vorteilhafte Änderungen vornehmen können, werden Sie bis zu einem gewissen Maß
anhand dieser Einflußgrößen besser einschätzen können.

Die acht in der Charaka Samhita zusammengestellten Einflüsse sind:

1. die natürlichen Eigenschaften der Nahrungsmittel
2. wie diese natürlichen Eigenschaften verändert werden können
3. die Wirkung von Speisenzusammenstellungen
4. die Menge der gegessenen Nahrung
5. Ort (Orte) und Klima, an und unter dem Nahrungsmittel angebaut, weiterverarbeitet und gegessen werden
6. die Auswirkungen der Jahreszeiten und der Tageszeit
7. allgemeine Orientierung der Eßgewohnheiten
8. individuelle Unterschiede beim Verbraucher

Lebensmitteltabellen

Auf den folgenden Seiten wird ein Überblick gegeben, welche Nahrungsmittel welches Dosha eher beruhigen oder ansteigen lassen. Diese Übersicht hat Dr. Vasant Lad, Leiter des Ayurvedic Institute in Albuquerque, New Mexico, zusammengestellt. In ihr finden Sie die kombinierten Wirkungen aus Geschmack, energetischen Eigenschaften, Wirkungen nach der Verdauung (siehe Seite 44 - 59) und Dosha-Eigenschaften der Nahrungsmittel. Diese Zusammenstellungen sind für jeden geeignet, so daß Sie sich durch Ihre individuellen Vorlieben leiten lassen können. Denken Sie jedoch daran, daß unterschiedliche Zubereitungsarten und Zusammenstellungen die Wirkungen der Nahrungsmittel auf Ihre Doshas ändern können.

Beim ersten Blick auf diese Übersicht wird Ihnen vielleicht auffallen, daß Ihre Lieblingsspeisen genau in jener Spalte stehen, die Ihr vorherrschendes Dosha erhöhen (siehe Ermittlung der Konstitution, Seite 38 - 41). Verständlich, denn Sie finden entsprechend dem Prinzip „Gleiches verstärkt Gleiches" Dinge anziehend, die ähnliche Eigenschaften wie Sie selbst aufweisen.

Um sich mit dieser Einteilung vertraut zu machen, kopieren Sie sie am besten und hängen sie an einer gut sichtbaren Stelle auf (an der Kühlschranktür). Benutzen Sie sie bei der Vorbereitung und Zubereitung der Speisen.

Während Sie kochen, haben Sie so die doshische Einteilung Ihrer Nahrungsmittel immer vor Augen. Werden die Mahlzeiten für Sie gekocht, dann lassen Sie die verwendeten Nahrungsmittel anhand der Übersicht Revue passieren.

Nehmen Sie eine Kopie dieser Übersicht zum Einkaufen mit, wenn Sie Ihre Ernährung nach ayurvedischen Prinzipien umstellen. Richten Sie sich bei der Auswahl der Lebensmittel danach, werden Sie neue Einkaufsgewohnheiten entwickeln und wahrscheinlich kaum mehr mit Dingen nach Hause kommen, die für Ihre Dosha-Bedürfnisse ungeeignet sind.

Ihre momentane Ernährung beurteilen

Ausgangspunkt für Veränderungen in Ihren Ernährungsgewohnheiten ist die Frage, ob die von Ihnen verwendeten Nahrungsmittel Vata, Pitta und Kapha beruhigen oder ansteigen lassen. Dazu sollten Sie sieben Tage lang alles notieren, was Sie essen oder trinken. Denken Sie auch an die kleinen Happen zwischendurch, nicht nur an die warmen Mahlzeiten, und notieren Sie die Zeiten, zu denen Sie gegessen haben. Für jeden Tag gibt es eine Spalte mit Frühstück, Mittagessen, Abendessen und den kleinen Mahlzeiten zwischendurch. Lassen Sie Platz, damit Sie später eintragen können, ob die verwendeten Nahrungsmittel Ihr Vata, Pitta oder Kapha eher beruhigt oder erhöht haben. Darüber hinaus können Sie auch noch eintragen, wie Ihre Verdauung (siehe Seite 44 - 59) und Ihre Doshas als Ganzes durch die Zusammenstellung der Nahrung beeinflußt werden.

Vielleicht finden Sie das schwierig, denn Sie müssen nicht nur ans Aufschreiben denken, sondern auch noch die vielen Naschereien zwischendurch genauso notieren wie die vielen „schlechten" Nahrungsmittel, was in Ihnen Schuldgefühle erwecken könnte. Sehen Sie es als eine Übung in Selbstbeobachtung an und nehmen Sie sich selbst an, wie Sie sind. Gehen Sie freundlich und sanft mit sich um. Schuld oder Scham führen nur dazu, daß Sie noch mehr essen, und das zieht weitere Schuldgefühle nach sich. Jedem Dosha weisen Sie eine eigene Farbe zu und markieren die verwendeten Nahrungsmittel.

Nahrungsmitteltabellen

Auf den folgenden Seiten sind Vata, Pitta und Kapha beeinflussende Nahrungsmittel zusammengestellt. Jedes Dosha ist in zwei Spalten unterteilt:

„Nein" bedeutet, daß diese Nahrungsmittel das Dosha erhöhen / verstärken. In einer das Dosha beruhigenden Ernährung haben solche Nahrungsmittel keinen Platz.

„Ja" bedeutet, daß die Nahrungsmittel das Dosha beruhigen / senken. Dies sind die richtigen Nahrungsmittel für eine das Dosha beruhigende Ernährung.

Nahrungsmitteltabellen

Nahrungsrichtlinien für die konstitutionellen Grundtypen

Anmerkung: Die in diesen Übersichten gegebenen Richtlinien sind ganz allgemein. Es können individuelle Anpassungen an besondere Gegebenheiten nötig werden. Hierzu zählen Nahrungsmittelallergien, die Stärke des Agni, die Jahreszeit und das Ausmaß des vorherrschenden Doshas.

* geht in Maßen ** ab und an möglich

VATA		PITTA		KAPHA	
Nein	Ja	Nein	Ja	Nein	Ja

Obst

Trockenobst generell	süße Früchte generell	saure Früchte allgemein	süße Früchte allgemein	süße und saure Früchte allgemein	den Mund zusammenziehende Früchte
Äpfel (roh)	Äpfel (gekocht)	saure Äpfel	süße Äpfel	Avocado	Äpfel
Preiselbeeren	Apfelmus	saure Aprikosen	Apfelmus	Bananen	Apfelmus
Datteln (getrocknet)	Aprikosen	Bananen	süße Aprikosen	Kokosnuß	Aprikosen
Feigen (getrocknet)	Avokado	saure Beeren	Avocado	Datteln	Beeren
Birnen	Bananen	Sauerkirschen	süße Beeren	frische Feigen	Birnen
Dattelpflaumen	Beeren	Preiselbeeren	Süßkirschen	Grapefruit	Dattelpflaumen
Granatapfel	Kirschen	Grapefruit	Kokosnuß	Trauben	Granatapfel
Rosinen (getrocknet)	Kokusnuß	grüne Trauben	Datteln	Kiwi	Feigen (getrocknet)*
Pflaumen (getrocknet)	Datteln (frisch)	Kiwi**	Feigen	Zitronen*	Kirschen
Wassermelone	Feigen (frisch)	Zitronen	rote Trauben	Limetten*	Pfirsiche
	Grapefruit	Mangos (grün)	Limonen*	Mangofrüchte**	Preiselbeeren
	Weintrauben	saure Orangen	reife Mangos	Melonen	saure Pflaumen
	Kiwi	Papaya*	Melonen	Orangen	Zwetschgen
	Zitronen	Pfirsiche	süße Orangen	Papaya	Rosinen
	Limetten	Dattelpflaumen	Birnen	Ananas	Erdbeeren**
	Mangos	saure Ananas	süße Ananas	Pflaumen	
	Melonen	Rhabarber	süße Pflaumen	Rhabarber	
	Orangen	Erdbeeren	Granatäpfel	Tamarinde	
	Papaya	Tamarinde	Zwetschgen	Wassermelone	
	Pfirsiche		Rosinen		
	Ananas		Wassermelone		
	Pflaumen				
	Zwetschgen (eingeweicht)				
	Rosinen (eingeweicht)				
	Rhabarber				
	Erdbeeren				
	Tamarinde				

VATA		PITTA		KAPHA	
Nein	Ja	Nein	Ja	Nein	Ja

Milchprodukte

VATA Nein	VATA Ja	PITTA Nein	PITTA Ja	KAPHA Nein	KAPHA Ja
Hartkäse* Kuhmilch (Trocken- pulver) Ziegenmilch (getrocknet) Joghurt (Natur, als Eis oder mit Früchten)	*Die meisten Milchprodukte sind gut* Butter Buttermilch Weichkäse Hüttenkäse Kuhmilch Ghee (Butter- schmalz) Ziegenkäse Ziegenmilch Eiscreme* Sauerrahm* Jogurt (ver- dünnt & an- gemacht)*	gesalzene Butter Buttermilch Hartkäse Sauerrahm Jogurt (natur, als Eis oder mit Früchten)	ungesalzene Butter Käse (weich, jung und un- gesalzen) Hüttenkäse Kuhmilch Ghee Ziegenmilch Ziegenkäse (weich, jung und un- gesalzen) Eiscreme Joghurt (frisch gemacht und verdünnt)	gesalzene Butter Buttermilch* Käse (weich und hart) Kuhmilch Eiscreme Sauerrahm Joghurt (natur, als Eis oder mit Früchten)	ungesalzene Butter** Hüttenkäse (aus ent- rahmter Ziegenmilch) Ghee* Ziegenkäse (jung und ungesalzen)* Ziegenmilch (entrahmt) Joghurt (ver- dünnt)

Gemüse

VATA Nein	VATA Ja	PITTA Nein	PITTA Ja	KAPHA Nein	KAPHA Ja
alle gefrorenen, rohen oder getrockneten Gemüse	alle Gemüse sollten gekocht werden	alle scharfen Gemüse	alle süßen und bitteren Lebensmittel	alle süßen und saftigen Gemüse	alle scharfen und bitteren Gemüse
Mangold Broccoli Rosenkohl roher Weißkohl roher Blumen- kohl Sellerie Mais (frisch)** Löwenzahn- blätter Auberginen Artischocken Grünkohl Kohlrabi Kopfsalat* Pilze grüne Oliven rohe Zwiebel Petersilie* rohe Erbsen süßer und scharfer Pfeffer	Spargel Weißkohl* Karotten Blumenkohl* Gurken japanischer Rettich* Fenchel (Anis) Knoblauch grüne Bohnen grüne Chili- schoten Meerrettich** Lauch Senfkörner* Okra schwarze Oliven gekochte Zwiebeln* Pastinak Erbsen süße Kartoffeln Kürbis	Rote Bete (roh) Karotten (roh)* Mais (frisch)** japanischer Rettich Auberginen** Knoblauch Chilischoten (grün) Meerrettich Kohlrabi** Lauch (roh) Senfkörner grüne Oliven rohe Zwiebeln Peperoni (scharf) Feigenkaktus (Früchte) Rettich (roh) Spinat (roh) Tomaten weiße Rübe	Artischocken Spargel Broccoli Rosenkohl Weißkohl gekochte Karotten Blumenkohl Sellerie Gurken Löwenzahn- blätter Fenchel (Anis) grüne Bohnen Artischocken Grünkohl gekochter Lauch Kopfsalat Pilze Okra	Gurken schwarze oder grüne Oliven Pastinak** süße Kartoffeln Gartenkürbis Riesenkürbis rohe Tomaten Zucchini	Spargel Broccoli Rosenkohl Weißkohl Karotten Blumenkohl Sellerie Mais japanischer Rettich Löwenzahn Aubergine Fenchel (Anis) Knoblauch grüne Bohnen grüne Chili- schoten Meerrettich Artischocken

VATA		PITTA		KAPHA	
Nein	Ja	Nein	Ja	Nein	Ja

Gemüse (Fortsetzung)

VATA		PITTA		KAPHA	
Nein	Ja	Nein	Ja	Nein	Ja
Kartoffeln, weiße Feigenkaktus (Früchte und Blätter) Rettich (roh) Riesenkürbis* Spinat (roh) Schößlinge* Tomaten (roh) weiße Rüben Weizenkeimlinge	gelbe Kohlrübe gekochter Spinat Kürbis (Sommer und Winter) gekochte Tomaten** Taro-Wurzel Kresse Zucchini	schwarze Oliven gekochte Zwiebeln Petersilie Pastinak Erbsen süße Pfefferschoten süße und weiße Kartoffeln Feigenkaktus (Früchte und Blätter) Kürbis Rettich (gekocht) Riesenkürbis gekochter Spinat Schößlinge (nicht gewürzt) Kürbis (Winter und Sommer) Taro-Wurzel Kresse* Weizenkeimlinge Zucchini			Grünkohl Kohlrabi Lauch Kopfsalat Pilze Senfkörner Okra Zwiebeln Petersilie Erbsen süße und scharfe Pfefferschoten weiße Kartoffeln Feigenkaktus (Früchte und Blätter) Rettich Spinat Sprossen Kürbis (Sommer) gekochte Tomaten weiße Rübe Kresse Weizenkeimlinge

Süßigkeiten

VATA		PITTA		KAPHA	
Nein	Ja	Nein	Ja	Nein	Ja
weißer Zucker	Malz Fruchtzucker konzentrierte Fruchtsäfte Honig kandierte Früchte Ahornsirup Melasse Reissirup	Honig** kandierte Früchte Melasse	Malz Fruchtzucker konzentrierte Fruchtsäfte Ahornsirup Reissirup weißer Zucker**	Malz Fruchtzucker kandierte Früchte Ahornsirup Melasse Reissirup weißer Zucker	konzentrierte Fruchtsäfte Honig (naturbelassen und nicht verarbeitet)

VATA		PITTA		KAPHA	
Nein	Ja	Nein	Ja	Nein	Ja

Hülsenfrüchte

VATA Nein	VATA Ja	PITTA Nein	PITTA Ja	KAPHA Nein	KAPHA Ja
Aduki-Bohnen	rote Linsen	Miso	Aduki-Bohnen	Kidney-Bohnen	Aduki-Bohnen
schwarze Bohnen	Miso**	Soja-Sauce	schwarze Bohnen	Mung-Bohnen	schwarze Bohnen
Kidney-Bohnen	Mung-Bohnen	Soja-Wurst	Kidney-Bohnen	Soja-Bohnen	Linsen (rote und braune)
braune Linsen	Mung-Dal	Urdbohne	Linsen (braune und rote)	Soja-Käse	Lima-Bohnen
Lima-Bohnen	Soja-Käse*		Lima-Bohnen	Soja-Mehl	Miso
getrocknete Erbsen	Soja-Milch*		Mung-Bohnen	Soja-Paste	getrocknete Erbsen
Pinto-Bohnen	Soja-Sauce*		getrocknete Erbsen	Soja-Sauce	Pintu-Bohnen
Soja-Bohnen	Soja-Wurst*		Soja-Bohnen	Tofu (kalt)	Soja-Milch
Sojamehl	Urdbohne		Soja-Käse	Urdbohne	Soja-Wurst
Sojapulver			Soja-Mehl*		Erbsen
Schlälerbsen			Soja-Milch		Tempeh
Tofu*			Sojapaste*		Tofu (heiß)*
Tempeh			Erbsen		weiße Bohnen
weiße Bohnen			Tempeh		
			Tofu		
			weiße Bohnen		

Fleisch und Fisch

VATA Nein	VATA Ja	PITTA Nein	PITTA Ja	KAPHA Nein	KAPHA Ja
Huhn (weißes Fleisch)*	Rind	Rind	Büffel	Rind	Huhn (weißes Fleisch)
Lamm	Huhn (dunkles Fleisch)	Huhn (dunkles Fleisch)	Huhn (weißes Fleisch)	Huhn (dunkles Fleisch)	Eier
Schwein	Ente	Ente	Eier (nur das Eiweiß)	Ente	Süßwasserfisch
Kaninchen	Eier	Ei (Eigelb)	Süßwasserfisch	Seefisch	Kaninchen
Wildbret	Seefisch	Seefisch	Kaninchen	Lamm	Shrimps
Truthahn (weißes Fleisch)	Süßwasserfisch	Lamm	Shrimps*	Schwein	Truthahn (weißes Fleisch)
	Lachs	Schwein	Truthahn (weißes Fleisch)	Lachs	Wildbret
	Sardinen	Lachs	Wildbret	Sardinen	
	Meeresfrüchte	Sardinen		Meeresfrüchte	
	Shrimps	Meeresfrüchte		Thunfisch	
	Thunfisch	Thunfisch		Truthahn (dunkles Fleisch)	
	Truthahn (dunkles Fleisch)	Truthahn (dunkles Fleisch)			

VATA		PITTA		KAPHA	
Nein	**Ja**	**Nein**	**Ja**	**Nein**	**Ja**

Würzende Zutaten

Chili-Schoten* Schokolade Meerrettich Sprossen*	schwarzer Pfeffer Mango-Chut- ney (süß oder scharf) Koriander- blätter* Tang Ketchup Zitrone Limette eingelegte Limetten eingelegte Mangos Mayonnaise Senf saure Gurken Salz Schalotten Soja-Sauce Tamari Weinessig Chili-Schoten	Schokolade Mango-Chut- ney (süß oder scharf) Meerrettich Tang(Hijiki, Kelp) Ketchup Senf Zitrone eingelegte Limetten eingelegte Mangos Mayonnaise Schalotten Salz (im Übermaß) Schalotten Soja-Sauce Tamari* Weinessig	schwarzer Pfeffer* Mango- Chutney (süß oder scharf) Koriander- blätter Limetten Sprossen	Schokolade Mango-Chut- ney (süß) Gomasio Tang Ketchup** Zitrone* Limette eingelegte Limetten eingelegte Mangos Mayonnaise saure Gurken Salz Soja-Sauce Tamari Weinessig	schwarzer Pfeffer Chili-Schoten Mango- Chutney (scharf) Koriander Meerrettich Senf (ohne Weinessig) Schalotten Sprossen

Nüsse

keine	in Maßen Mandeln Walnüsse Schwarznuß Paranuß Cashewnuß Kokosnuß Haselnuß Macadamnuß Erdnuß** Pekannuß Pistazien	Mandeln (mit Haut) Walnuß Schwarznuß Paranuß Cashewnuß Haselnuß Macadamnuß Erdnuß Pekannuß Pistazien	Mandeln (ein- geweicht und geschält) Kokosnuß	Mandeln (ein- geweicht und geschält)** Walnuß Schwarznuß Paranuß Cashewnuß Kokosnuß Haselnuß Macadamnuß Erdnuß Pekannuß Pistazien	

VATA		PITTA		KAPHA	
Nein	Ja	Nein	Ja	Nein	Ja

Getränke

VATA Nein	VATA Ja	PITTA Nein	PITTA Ja	KAPHA Nein	KAPHA Ja
Apfelsaft	Alkohol (Bier	Alkohol	Alkohol (Bier)	Alkohol (Bier,	Alkohol (trocke-
Schwarztee	oder Wein)	(Schnäpse oder	Mandelmilch	Schnäpse, süße	ne Rot- oder
koffeinhaltige	Mandelmilch	Wein)	Aloe-vera-Saft	Weine)	Weißweine)
Getränke	Aloe vera-Saft	Apfelmost	Apfelsaft	Mandelmilch	Aloe-vera-Saft
kohlensäurehal-	Apfelmost	Beerensäfte	Aprikosensaft	koffeinhaltige	Apfelmost
tige Getränke	Aprikosensaft	(sauer)	Beerensaft	Getränke**	Apfelsaft*
Johannisbrot-	Beerensäfte	koffeinhaltige	(süß)	kohlensäure-	Aprikosensaft
saft*	(außer Preisel-	Getränke	Schwarztee	haltige	Beerensaft
Schokoladen-	beere)	kohlensäurehal-	Johannisbrot-	Getränke	Schwarztee
milch	Karottensaft	tige Getränke	saft	Chai (heiß,	(gewürzt)
Kaffee	Chai (heiße,	Karottensaft	Chai (heiße,	gewürzte	Johannisbrot-
gekühlte Milch-	gewürzte	Kirschsaft	gewürzte	Milch)*	saft
getränke	Milch)	(sauer)	Milch)*	Kirschsaft	Karottensaft
Preiselbeersaft	Kirschsaft	Schokoladen-	Kirschsaft (süß)	(sauer)	Kirschsaft (süß)
Eistee	Malzkaffee	milch	kalte Milch-	Schokoladen-	Preiselbeersaft
geeiste	Traubensaft	Kaffee	getränke	milch	Malzkaffee
Getränke	Grapefruitsaft	Preiselbeersaft	Malzkaffee	Kaffee	Traubensaft
Gemüsesäfte	Limonade	Grapefruitsaft	Traubensaft	kalte Milch-	Mangosaft
Birnensaft	Mangosaft	Eistee	Mangosaft	getränke	Gemüsesäfte
Granatapfelsaft	Miso-Brühe	geeiste kalte	Gemüsesäfte	Grapefruitsaft	Pfirsichnektar
Pflaumensaft**	Orangensaft	Getränke	Pfirsichnektar	Eistee	Birnensaft
Soja-Milch	Papayasaft	Limonade	Granatapfelsaft	geeiste	Granatapfelsaft
(kalt)	Pfirsichnektar	Orangensaft*	Pflaumensaft	Getränke	Pflaumensaft
Tomatensaft**	Ananassaft	Miso-Brühe	Reismilch	Miso-Brühe	Soja-Milch (heiß
Gemüse-	Reismilch	Papayasaft	Soja-Milch	Limonade	und gut
bouillon	Soja-Milch (heiß	Ananassaft	Gemüse-	Orangensaft	gewürzt)
	und gut	Tomatensaft	bouillon	Papayasaft	Gemüse-
Kräutertees	gewürzt)*			Ananassaft*	bouillon
Gerste**		**Kräutertees**	**Kräutertees**	Reismilch	
Johannisbeere	**Kräutertees**	Basilikum**	Johannisbeere	Soja-Milch	**Kräutertees**
Borretsch**	Basilikum**	Zimt**	Alfalfa	Tomatensaft	Alfalfa
Klette	Kamille	Gewürznelke	Gerste		Gerste
Katzenminze*	Zimt**	Eukalyptus	Gurkenkraut	**Kräutertees**	Basilikum
Zichorie*	Gewürznelke	Bockshornklee	Klette	Beinwell*	schwarze
Löwenzahn	Beinwell	Ingwer	Katzenminze	Eibisch	Johannisbeere
Ginseng	Holunderblüte	(getrocknet)	Kamille	Hagebutte**	Borretsch
Hibiskus	Eukalyptus	Ginseng	Zichorie		Klette
Hopfen**	Fenchel	Weißdorn	Beinwell		Katzenminze
Ysop**	Bockshornklee	Ysop	Löwenzahn		Kamille
Jasmin**	Ingwer (frisch)	Wacholder	Holunderblüte		Zichorie
Zitronen-	Weißdorn	Polei-Minze	Fenchel		Zimt
melisse	Wacholder-	Hagebutte**	Ingwer (frisch)		Gewürznelke
Brennessel**	beere	Salbei	Hibiskus		Löwenzahn
Passions-	Lavendel	Sassafras	Hopfen		Holunderblüten
frucht**	Zitronengras	Mate	Jasmin		Eukalyptus
Rotklee**	Süßholz		Eibisch		Fenchel*
Erdbeere*	Eibisch		Erdbeere		Bockshornklee
Salbei	grüne Minze		Veilchen		Erdbeere
Schafgarbe	Haferstroh		Rotklee		Rotklee

Alle Nahrungsmittel weisen Eigenschaften auf, die Ihre Doshas beeinflussen

VATA		PITTA		KAPHA	
Nein	Ja	Nein	Ja	Nein	Ja

Getränke (Fortsetzung)

VATA Nein	VATA Ja	PITTA Nein	PITTA Ja	KAPHA Nein	KAPHA Ja
Veilchen** Wintergrün* Mate**	Hagebutte Himbeere Polei-Minze Orangenschale Pfefferminze Safran Sarsaparilla Sassafras		grüne Minze Haferstroh Himbeere Lavendel Nessel Orangen- schale* Passionsfrucht Pfefferminze Safran Sarsaparilla Schafgarbe Süßholz Wintergrün Zitronengras Zitronen- melisse		Ginseng grüne Minze Haferstroh Hibiskus Himbeere Ingwer Jasmin Lavendel Mormonentee Nessel Orangenschale Passionsfrucht Pfefferminze Safran Salbei Sarsaparilla* Sassafras Schafgarbe Süßholz Veilchen Wacholder- beere Wintergrün Mate Ysop Zitronengras Zitronen- melisse

Samen, Kerne

VATA Nein	VATA Ja	PITTA Nein	PITTA Ja	KAPHA Nein	KAPHA Ja
Popcorn	Leinsamen Flohsamen Kürbiskerne Sesam Tahini Sonnenblu- menkerne	Tahini Sesam	Kürbiskerne Leinsamen Flohsamen Popcorn (un- gesalzen) Sonnenblu- menkerne Kürbiskerne	Tahini Sesam	Popcorn (un- gesalzen ohne Butter) Leinsamen Flohsamen Sonnen- blumenkerne

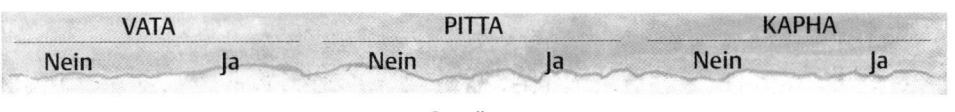

VATA		PITTA		KAPHA	
Nein	Ja	Nein	Ja	Nein	Ja

Gewürze

VATA Nein	VATA Ja	PITTA Nein	PITTA Ja	KAPHA Nein	KAPHA Ja
Kümmel	gut sind alle Gewürze	Ajvar	Basilikum (frisch)	Salz	gut sind alle Gewürze
	Ajvar	Anis	Dill		Ajvar
	Anis	Basilikum (getrocknet)	Fenchel		Anis
	Basilikum	Bockshornklee	grüne Minze		Basilikum
	Bockshornklee	Bohnenkraut	Ingwer (frisch)		Bockshornklee
	Bohnenkraut	Cayenne-Pfeffer	Kardamon*		Bohnenkraut
	Cayenne-Pfeffer*	Estragon	Koriander		Cayenne-Pfeffer*
	Dill	Gewürznelken	Kreuzkümmel		Dill
	Estragon	Ingwer (getrocknet)	Kurkuma		Estragon
	Fenchel	Knoblauch	Minze		Fenchel
	Gewürznelke	Kümmel	Orangen-schalen		Gewürznelke
	grüne Minze	Lorbeerblatt	Petersilie		grüne Minze
	Ingwer	Majoran	Pfefferminze		Ingwer
	Kardamon	Mohn	Safran		Kardamon
	Knoblauch	Muskat	schwarzer Pfeffer*		Knoblauch
	Koriander	Muskatblüte	Vanille		Koriander
	Kreuzkümmel	Oregano	Wintergrün		Kreuzkümmel
	Kurkuma	Paprika	Zimt		Kümmel
	Lorbeerblatt	Piment			Kurkuma
	Majoran	Rosmarin			Lorbeerblatt
	Minze	Salbei			Majoran
	Mohnsamen	Salz			Mandelauszug
	Muskatblüte	Senfkörner			Minze
	Muskatnuß	Sternanis			Mohnsamen
	Orangenschale	Thymian			Muskatblüte
	Oregano				Muskatnuß
	Paprika				Nelken
	Petersilie				Orangenschale
	Pfefferminze				Oregano
	Piment				Paprika
	Rosmarin				Petersilie
	Safran				Pfefferminze
	Salbei				Piment
	Salz				Rosmarin
	schwarzer Pfeffer				Safran
	Senfkörner				Salbei
	Thymian				Salz
	Vanille				schwarzer Pfeffer
	Wintergrün				Senfkörner
	Zimt				Thymian
					Vanille
					Wintergrün
					Zimt

VATA		PITTA		KAPHA	
Nein	Ja	Nein	Ja	Nein	Ja

Getreide[1]

Nein	Ja	Nein	Ja	Nein	Ja
Brot (mit Hefe)	alle Reisorten	Brot (mit Hefe)	Amaranth	Brot (mit Hefe)	Amaranth
Buchweizen	Amaranth*	Buchweizen	Couscous	Dinkel	Buchweizen
Couscous	Eierpfannku-	Hafer (getrock-	Dinkel	Eierpfannku-	Couscous
Dinkel	chen	net)	Eierpfannku-	chen	Gerste
Gerste	Hafer (gekocht)	Hirse	chen	Hafer (gekocht)	Getreide-
Getreide-	Quinoa	Maisgrieß**	Gerste	Nudeln**	flocken (kalt,
flocken	Weizen	Müsli	Getreide-	Quinoa	getrocknet)
(kalt, trocken)	Weizenkeim-	Quinoa	flocken	Reis (brauner,	Hafer
Hafer	brot	Reis (braun)**	(getrocknet)	weißer)	(getrocknet)
(getrocknet)		Roggen	Hafer (gekocht)	Reiskuchen	Haferkleie
Haferkleie		Weizen	Haferkleie	Weizen	Hirse
Hirse			Kräcker		Kräcker
Kräcker			Nudeln		Maisgrieß
Mais			Reis		Müsli
Maisgrieß**			(Basmati, weißer,		Reis (Basmati,
Müsli			wilder)		wilder)*
Nudeln**			Reiskuchen		Roggen
Reiskuchen**			Sago		Sago
Roggen			Tapioka		Tapioka
Sago			Weizen		Weizen
Tapioka			Weizenkeim-		Weizenkeim-
Weizen			brot		brot
Weizenkleie			Weizenkleie		Weizenkleie

[1]Wenn in der Tabelle Getreidearten genannt sind, verwenden Sie bitte die entsprechenden Körner.

Öle

Nein	Ja	Nein	Ja	Nein	Ja
Leinsamen	Zur inneren und äußeren Anwendung an erster Stelle empfohlen: Sesam Ghee (Butter- schmalz) Oliven die meisten anderen Öle	Aprikose Mais Distel Sesam	Zur inneren und äußeren Anwendung an erster Stelle empfohlen: Sonnenblumen Ghee Olive Soja Leinsamen Schlüsselblume Walnuß	Avocado Aprikose Kokosnuß Olive Schlüsselblume Distel Sesam Soja Walnuß	Zur inneren und äußeren Anwendung nur in kleinen Mengen an erster Stelle empfohlen: Mais Sonnenblume Ghee Mandeln Leinsamen**
	Nur zur äußer- lichen Anwen- dung: Kokosnuß Avocado Mandel		**Nur zur äußer- lichen Anwen- dung:** Avocado Kokosnuß		

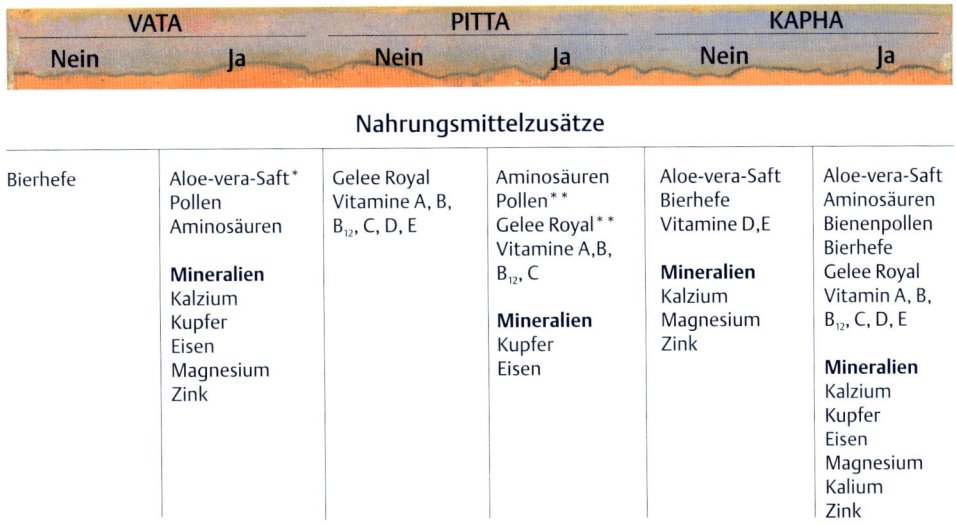

	VATA		PITTA		KAPHA	
	Nein	Ja	Nein	Ja	Nein	Ja

Nahrungsmittelzusätze

| Bierhefe | Aloe-vera-Saft* Pollen Aminosäuren | Gelee Royal Vitamine A, B, B₁₂, C, D, E | Aminosäuren Pollen** Gelee Royal** Vitamine A,B, B₁₂, C | Aloe-vera-Saft Bierhefe Vitamine D,E | Aloe-vera-Saft Aminosäuren Bienenpollen Bierhefe Gelee Royal Vitamin A, B, B₁₂, C, D, E | |
| | **Mineralien** Kalzium Kupfer Eisen Magnesium Zink | | **Mineralien** Kupfer Eisen | **Mineralien** Kalzium Magnesium Zink | **Mineralien** Kalzium Kupfer Eisen Magnesium Kalium Zink | |

Bitte beachten:

Diese Richtlinien sollten in keinster Weise den Rat eines Arztes oder Ernährungsberaters ersetzen. Im Ayurveda wird immer eine langsame und stetige Veränderung Ihrer Ernährung empfohlen. Sie sollten auch nicht alles auf einmal ausprobieren!

Wenn Sie festgestellt haben, was Sie an Ihrer Ernährung verändern sollten (siehe Seite 154 - 155), achten Sie beim Umsetzen auch immer darauf, wie Ihr Körper auf die Lebensmittel reagiert. Blähungen oder Sodbrennen beispielsweise sind ein deutlicher Hinweis darauf, daß dies die falschen Nahrungsmittel sind. Manches steht zwar in der Tabelle, ist aber trotzdem nicht für Sie geeignet, denn jeder Mensch ist eben verschieden. Mit Hilfe der Tabelle und Ihrer inneren Stimme werden Sie langsam Ausgeglichenheit und Gesundheit in Ihr Leben bringen. Nicht, was gelegentlich auf den Tisch kommt, erzeugt ein ernstzunehmendes Ungleichgewicht, sondern das tagtäglich Gegessene.

Die natürlichen Eigenschaften der Nahrung

Alle Nahrungsmittel haben sowohl offensichtliche als auch feinstoffliche Eigenschaften, die auf Ihren physischen Körper einwirken und Ihre Doshas beeinflussen. Drei Gegensatzpaare natürlicher Eigenschaften (siehe Seite 32) werfen ein erstes Licht auf diese unterschiedlichen Wirkungen. Es sind leicht – schwer; flüssig/ölig – trocken; erhitzend/heiß – kühlend/kalt (wobei sich das letzte Eigenschaftspaar sowohl auf die Temperatur als auch auf den energetischen Zustand bezieht (siehe Seite 53). Suchen Sie für sich Nahrungsmittel aus, deren natürlichen Eigenschaften den von Ihnen gewünschten Ergebnissen entsprechen. Ist Ihr Körper trocken (Anzeichen dafür wären trockene Haut oder harte Stühle), sind Nahrungsmittel mit trocknenden Eigenschaften oder Geschmacksrichtungen zu vermeiden. Indem Sie Gemüse dämpfen, statt es roh zu essen, oder durch Zugabe eines Öldressings können Sie ganz einfach die Eigenschaften von Nahrung ändern. Bei zuviel Hitze im Körper (Anzeichen wäre beispielsweise ein juckender Hautausschlag) lassen Sie „heiße", Pitta erhöhende Nahrungsmittel einfach weg. Rohe Nahrungsmittel werden häufig wegen der Ballaststoffe empfohlen, und wenn Sie unter Verstopfung leiden, spüren Sie schon bald eine Besserung.

Nahrung und ihre Eigenschaften

Unten sind die Eigenschaften einiger Nahrungsmittel zusammengestellt. Diese Eigenschaften bemerken wir nur, wenn wir die Nahrungsmittel regelmäßig über einen längeren Zeitraum zu uns nehmen. Und selbst dann beziehen wir die Veränderungen an unserem Körper nicht immer auf sie.

Natürliche Eigenschaften

schwer	Milch -Weizen – brauner Reis – Fisch – rotes Fleisch – Sesamöl
leicht	Mungo-Bohnen – Basmati-Reis – Blattgemüse – Huhn – Äpfel – Sonnenblumenöl
kühlend/kalt	Milch – Sonnenblumenöl – Weizen – Äpfel – Eiscreme – Kokosnuß
erwärmend/heiß	Fisch – Sesamöl – Zwiebeln – Eier – Fleisch – Chili
ölig	fast alle Nüsse – Fische – Eier
trocknend	viele Gemüse – Birnen – Hirse

Die natürlichen Eigenschaften der Nahrung ändern

Eine offenkundige Möglichkeit, die Eigenschaften von Nahrungsmitteln zu verändern, ist beispielsweise Kochen. Kalte Speisen können erhitzt, trockene befeuchtet oder ölig gemacht werden. Die Eigenschaften eines Müslis beispielsweise sind trocken, kalt und schwer – Eigenschaften, die Vata und Kapha ansteigen lassen. Für das Vata beruhigende Ernährung wäre Haferbrei jedoch das bessere Frühstück.

Nahrungsmittel werden eigentlich nicht nach ihrem Gehalt an Prana beurteilt. Trotzdem wird ein Mangel an Prana die Lebenskraft schwächen und zu Müdigkeit führen (siehe Seite 50 - 51). Das Prana in Lebensmitteln wird durch die modernen Verfahren der Herstellung, Verarbeitung und Verpackung vermindert und kann durch die Mikrowelle ganz zerstört werden. Einige weiterverarbeitete Lebensmittel enthalten Stoffe, die den Sinnen schmeicheln. Solche Substanzen überlisten die natürliche Klugheit des Körpers und führen zu Ama, denn sie fügen dem Körper keine Nährstoffe zu, die er in gesunde Gewebe (Dhatus) umbauen kann. Sie können den Geist sogar nach unangemessener Nahrung süchtig machen.

Aber auch die feinstofflichen Einflüsse der Nahrung können auf uns wirken. In dem, was wir essen, sind auch die innere Haltung und die Gefühle der Menschen, die sie für uns zubereiten enthalten. Mit Liebe gekochtes Essen ist daher besser als im Ärger zubereitete Mahlzeiten, die auf feinstoffliche Weise die Verdauung durcheinanderbringen können. „Schlecht" ist jede Nahrung, die unter unangemessenen Umständen oder im Übermaß gegessen wird. Selbst „gesunde" Nahrungsmittel können falsch verwendet werden und so Ama erzeugen: In kleinen Mengen ist natürlicher Honig eine Wohltat, aber verkocht kann er vom Körper nicht aufgenommen werden und erzeugt Ama. Solche Einflüsse lassen sich nicht immer vermeiden, aber wir sollten sie im Auge behalten und – wo immer möglich – frische Nahrungsmittel wählen, die einem Minimum an industrieller Verarbeitung unterworfen worden waren.

Schlechte Einflüsse
Einige industriell hergestellte Lebensmittel ersetzen natürliche.
Diese Ersatzstoffe werden nicht in gesundes Gewebe umgewandelt, und wenn der Körper sie nicht ausscheidet, erzeugen sie Ama und blockieren die feinstofflichen Kanäle.

Nahrungsmittel zusammenstellen

Da bestimmte Nahrungsmittel den Verdauungsvorgang überfordern, sollten sie den Lehren des Ayurveda zufolge auch nicht gemeinsam verzehrt werden. Jede Substanz hat ihren eigenen Geschmack, ihre eigene Energie und eine eigene Langzeitwirkung (siehe Seite 52 - 53). Diese Eigenschaften beeinflussen, wie die Nahrung verdaut und genutzt wird. Jedes Nahrungsmittel stellt also an die Verdauung unterschiedliche Anforderungen, und werden verschiedene Nahrungsmittel zusammen bei einer Mahlzeit gegessen, kann das die Verdauung überfordern und das Agni aufzehren. Zu unterschiedlichen Mahlzeiten gegessen, können diese Nahrungsmittel nun richtig verdaut werden und zu Ihrem Wohlbefinden beitragen.

Werden nicht so ideal zusammenpassende Nahrungsmittel allerdings in einem Topf gekocht, vermindern sich gegensätzliche Wirkweisen (siehe rechte Seite).

Leider sind die Regeln darüber, was zusammen gekocht werden darf, nicht so einfach. Mit einer guten Verdauung müssen Sie bei der Zusammenstellung der Nahrungsmittel eben nicht so sehr acht geben, wie mit einer schlechten.

Hören Sie auf Ihren Körper und den Zustand Ihres Agni. Wahrscheinlich wissen Sie ja schon, daß manche Nahrungsmittel Ihnen nicht oder eben nur zu manchen Gelegenheiten gut tun. Ihre eigene Beobachtung ist dabei ein guter Lehrmeister.

Eintöpfe

Die nachteiligen Wirkungen unverträglicher Zusammenstellungen können deutlich vermindert werden, wenn Nahrung unterschiedlichen Geschmacks, energetischer und postdigestiver Wirkung (siehe Seite 52-52) in einem Topf gekocht wird. Es entsteht dadurch ein „Brei", der auf das Verdauungssystem einwirkt. Ein Überschuß an Vata macht beispielsweise die Verdauung unregelmäßig, hier helfen Eintopfgerichte (Rezepte auf Seite 162).

Wie Nahrung zusammengestellt werden kann – einige allgemeine Hinweise

- In derselben Mahlzeit keine Nahrung mit unterschiedlichen energetischen Wirkungen mischen (siehe Seite 52-53). Also kühlende Milch nicht mit erhitzendem Fisch oder Fleisch zusammenbringen.
- Gekochte und rohe Nahrung nicht zur gleichen Zeit essen, denn rohe Nahrung ist schwerer verdaulich.
- Früchte sollten nicht mit anderen Lebensmitteln zusammen gegessen werden.
- Milch und Joghurt nicht vermengen.
- Milch oder Joghurt nicht zusammen mit sauren Früchten, Zitrusfrüchten, Fisch, Fleisch, Eiern, Nachtschattengewächsen (Kartoffeln, Tomaten oder Auberginen) oder stärkehaltigen Lebensmitteln verzehren.
- Keine unterschiedlichen Proteinarten wie Eier und Käse miteinander essen.

Die Nahrungsmenge

Wieviel Sie essen, sollte in erster Linie von Ihrer Verdauungsfähigkeit abhängen. Allgemein sollte weder zu viel noch zu wenig gegessen werden. Stellen Sie sich den Verdauungsvorgang als ein Feuer vor: Es wird ausgehen, wenn Sie eine große Menge Brennmaterial draufschütten. Aber es reichen schon wenige Kienspäne, um es zu entfachen und zum Lodern zu bringen; dann kann auch wieder etwas verbrannt werden. Wird das Brennmaterial zu knapp, kann es aber auch ausgehen. Daher sollte Ihr Ziel sein, immer gerade so viel zu essen, daß eine ständige Verdauung erreicht oder aufrechterhalten wird.

Die Leistungsfähigkeit Ihrer Verdauung hängt eng mit Ihrer Konstitution zusammen. Vata-Typen neigen dazu, wenig oder zu unregelmäßig zu essen, was dann zu Unregelmäßigkeiten in der Verdauung führt. Kaphas neigen zur Völlerei, ihre Verdauung wird langsamer. Pitta-Typen haben eine kräftige Verdauung, obwohl ihr Verdauungsfeuer durch heiße, scharf gewürzte Speisen lichterloh brennt (siehe Seite 76 - 77).

Die richtige Quantität beim Essen hängt auch noch von anderen Bedingungen wie dem Alter, der körperlichen Anstrengung, dem Beruf sowie der Jahres- und der Tageszeit ab. Ändern Sie Ihre Eßgewohnheiten nicht schlagartig, wenn Sie sonst eher zu wenig oder zu viel essen.

In den ayurvedischen Schriften finden sich auch Aussagen über die geeignetste Nahrungsmenge, die mit einer Mahlzeit aufgenommen werden sollte: Zwischen einem Drittel und der Hälfte des Fassungsvermögens des Magens sollte mit festen Stoffen und ein Viertel bis ein Drittel mit Flüssigkeiten gefüllt werden. Etwa ein Viertel bis ein Drittel des Magens sollte leerbleiben. Der leere Raum im Magen wird benötigt, damit sich die Verdauungssäfte gut unter den Speisebrei mischen können. Für Sie gilt es nun, Ihr individuelles Mengenverhältnis zu entdecken. Allgemein sollten Vatas mehr trinken als Kapha-Typen, denn Flüssigkeiten sind bei der Verdauung und der Aufnahme der Nahrung hilfreich. Eine annehmbare Ernährung besteht nach dem Ayurveda aus etwa 40 bis 60% Getreide, 10 bis 20% Protein und 30 bis 50% Gemüsen und Früchten.

Fleisch
Da Fleisch schwerverdaulich ist, wird es im Ayurveda nicht als ein alltäglicher Beitrag zur Ernährung empfohlen. Um den Körper zu stärken, kann es, wenn nötig, gegessen werden, sollte dann aber zum Beispiel gekocht in Suppen oder Eintöpfen die Verdauung unterstützen.

Die Bedeutung des Ortes

Der Ort, an dem die Nahrung angebaut und hergestellt wird, hat Einfluß auf Qualität und Eigenschaften. Die von Ihnen verwendeten Lebensmittel sollten aus biologischem Anbau stammen und von Menschen hergestellt werden, die den Umgang mit den Produkten schätzen.

Als vor etwa 3000 Jahren die *Charaka Samhita* geschrieben wurde, bauten kleine Gemeinschaften ihre Nahrungsmittel noch selbst an, bereiteten sie zu und aßen sie. Die uns heute zur Verfügung stehenden Lebensmittel aus aller Welt haben ihre eigenen Wirkweisen, die ebenso berücksichtigt werden müssen wie die Auswirkungen moderner Nahrungsmittelproduktion auf die feinstofflichen Energien. Die Bedingungen, unter denen Tiere leben und sterben, haben feinstoffliche Einflüsse auf die Produkte, die wir aus ihren toten Körpern zubereiten. Außerdem nehmen wir mit unserer Nahrung chemische Rückstände unserer modernen landwirtschaftlichen Produktion zu uns. Die feinstofflichen Eigenschaften biologisch angebauter Produkte unterscheiden sich von agrarindustriell hergestellten. Selbst die feinstofflichen Energien chemischer Rückstände können die normale Funktion der Doshas beeinträchtigen und sogar Ama erzeugen.

Lassen Sie sich bei der Auswahl der Nahrungsmittel von Ihrem heimischen Klima leiten. Rohe oder scharfe Nahrungsmittel sind in einem trockenen Klima ebenso falsch für Ihren Körper, wie es kalte, schwere Nahrung an einem kühlen, feuchten Ort wäre.

Klima und geographische Lage sind eng miteinander verbunden und haben Dosha-Eigenschaften. Orte auf Meereshöhe oder mit einem kalten, feuchten Klima haben ausgeprägte Kapha-Eigenschaften, hochgelegene Orte mit geringen Niederschlagsmengen und viel Wind haben ausgeprägte Vata-Eigenschaften. Pitta-Eigenschaften bringt der Sonnenschein mit sich. Ein Ort wie Hawaii hat ein ideales Klima, bei dem keine Dosha-Eigenschaft im Übermaß auftritt. Wenn Sie umziehen, wird Ihr Körper eine Weile brauchen, bis er sich an eine andere Umgebung angepaßt hat. Um das auszugleichen, sollten Sie beispielsweise Ihre Ernährung anpassen und sich öfter einölen.

Das ideale Klima
Weder Vata noch Pitta noch Kapha sind auf den tropischen Hawaiiinseln besonders ausgeprägt. Sie sind mit einem ausgeglichen Klima gesegnet.

Die vier Jahreszeiten

Es gibt Bereiche des Lebens, auf die wir keinen Einfluß haben; zu ihnen zählen das Durchlaufen der Lebensabschnitte (siehe Seite 10) ebenso wie die Jahreszeiten oder die Tageszeit. Sie alle besitzen Eigenschaften, die auf Ihre Gesundheit einwirken. Mögliche nachteilige Wirkungen können Sie aber vermeiden, indem Sie in Ihren Lebensstil die gegensätzlichen Eigenschaften aufnehmen. Wenn Sie im Winter einen Mantel tragen und im Sommer einen Sonnenhut aufsetzen, tun Sie das ja bereits in gewisser Weise. Jeder dieser Zeitläufe gehorcht seinen eigenen Gesetzen und kann doch zu den Eigenschaften von VPK in Beziehung gesetzt werden. Ihr Lebensstil und Ihre Ernährung lassen sich besser planen und auf Ihre Dosha-Bedürfnisse abstimmen (siehe auch Seite 61), wenn Sie das berücksichtigen.

Vor allem im Vata-Alter (55 Jahre und darüber) sollte die Ernährung dem Lebensabschnitt angepaßt werden. Rohe und trockene Nahrung ist dann nur noch gelegentlich gut für den Menschen. Passen Sie Ihre Ernährung auch den Jahreszeiten an: Im Winter können die Speisen wärmer und schwerer sein als im Sommer. Um Pitta zu kühlen, ist Salat im Sommer die richtige Wahl.

VPK und die Jahreszeiten
Jede Jahreszeit erhöht das Dosha mit den ihr ähnlichsten Eigenschaften. In Ihren Eßgewohnheiten sollte der Kreislauf der Jahreszeiten einen festen Platz einnehmen. Dies gilt vor allem für die Jahreszeit, die Ihr vorherrschendes Dosha verstärkt.

Vata

Herbst und früher Winter sind Vata-Jahreszeiten. Der Saft zieht sich aus den Blättern zurück, die vertrocknen und vom Wind fortgeweht werden.

Pitta

Wenn die Temperaturen zu Beginn des Sommers steigen und die Tage länger werden, nimmt die Pitta-Energie zu. Sie bleibt durch den heißesten Teil des Jahres und die langen, sonnigen Tage bestehen.

Kapha

Wenn die Natur im tiefsten Winter friert und erstarrt, ist die Jahreszeit, zu der Kapha natürlicherweise gestört ist. Schmilzt das Eis unter der wärmenden Frühligssonne, kommen seine flüssigen Eigenschaften hervor, und die Säfte fließen.

Die Tageszeit

Die Dosha-Eigenschaften der Speisen werden auch von der Tageszeit beeinflußt, zu der man sie einnimmt. Nicht zu spät zu Abend zu essen ist ratsam, um der Verdauung vor dem Zubettgehen mindestens zwei Stunden Zeit zu gönnen. Zu Kapha-Tageszeiten wird die Schwere des Essens zunehmen; daran sollten Sie denken, wenn Sie eine Kapha-Konstitution haben oder sich Kapha beruhigend ernähren. Aus den gleichen Gründen wird auch Menschen mit einer Kapha-Konstitution nicht empfohlen zu frühstücken. Ausschlaggebend sind letztlich aber immer die individuellen Umstände. Ernähren Sie sich Kapha beruhigend dann sollten Sie vor sieben Uhr frühstücken und nicht nach 19 Uhr zu Abend essen.

Wenn die Sonne, Pitta und Agni den höchsten Stand erreicht haben, sollten Menschen mit einer Pitta-Konstitution ihre Hauptmahlzeit zu sich nehmen. Mit einem Pitta-Überschuß werden Sie vor dem Essen wahrscheinlich nörgeliger sein.

Der frühe Morgen ist die wichtigste Vata-Zeit. Aber auch der späte Nachmittag und frühe Abend zählen dazu. Essen zu regelmäßigen Zeiten ist wichtig, wenn Sie mit einer Vata-Konstitution oder mit einem Vata-Überschuß zurechtkommen wollen.

Tägliche Rhythmen

Die Tagensrhythmen haben ihre eigenen VPK-Eigenschaften. Die wichtigste Vata-Zeit ist der Beginn des Tages, wenn Bewegung und Aktivität aufkommen. Die wichtigste Pitta-Zeit liegt um die Tagesmitte. Die vorherrschende Kapha-Zeit ist das Ende des Tages, wenn wir langsamer und müde werden. Zu anderen Zeiten haben die Doshas einen zweiten, aber nicht so ausgeprägten Gipfel. So ist zum Beispiel Mitternacht die zweite Pitta-Zeit. Nehmen die Symptome von Beschwerden über Mittag oder Mitternacht zu, ist das wahrscheinlich das Ergebnis eines Pitta-Überschusses.

Wichtig

Zweitwichtig

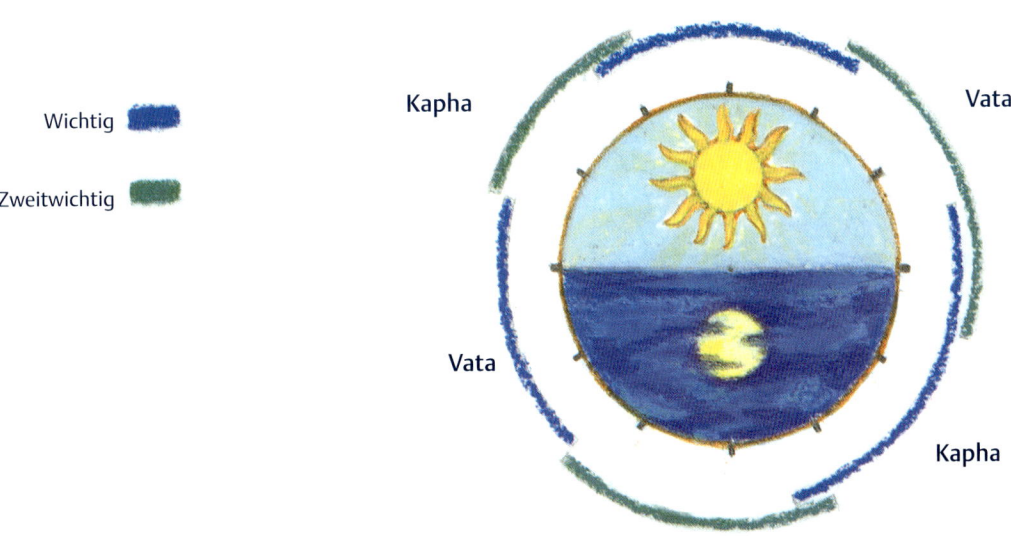

Allgemeine Ernährungsregeln

Auf den vorhergehenden Seiten haben Sie einige Richtlinien erhalten, die Ihnen helfen, die passende Nahrung in
der angemessenen Menge zur richtigen Zeit zu sich nehmen, ohne Ihre Doshas oder Ihr Agni zu stören. Ihr Ziel
sollte sein, Nahrungsmittel zu essen, die folgende Merkmale erfüllen: Sie sind untereinander verträglich und
leicht verdaulich, können leicht vom Körper aufgenommen und eingebaut werden, unterstützen Ihren Körper
beim Aufbau von Geweben (Dhatus) und stellen Ihre Sinne und Ihren Geist zufrieden.

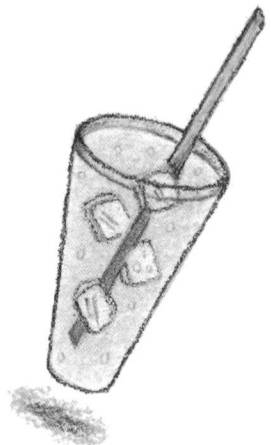

Eisgekühlte Getränke
Die Verdauung wird durch
eisgekühlte Getränke
gestoppt, und das führt
nicht nur zu Ama, sondern
auch zu Dosha-Störungen.

Aber alle Richtlinien zur Nahrungsmittelauswahl müssen Ihrem individuellen Dosha-Gleichgewicht angepaßt
werden. Einige Regeln für gutes Essen gelten trotzdem für
jeden – und die meisten sind eigentlich Allgemeingut.
– Verlangt Ihr Körper oder Ihr Geist nach dem Essen?
  Nur, wenn Ihr Körper ein natürliches Hungergefühl ver-
  spürt, sollten Sie essen.
– Essen Sie nichts, solange, Ihr Magen mit der vorherigen
  Mahlzeit nicht fertiggeworden ist.
– Essen Sie nichts, wenn Sie emotional sehr aufgewühlt,
  ärgerlich oder wütend sind, denn das stört das Agni.
– Vermeiden Sie Kombinationen aus unverträglichen
  Nahrungsmitteln.
– Essen Sie nicht zu wenig und nicht zu viel.
– Essen Sie gesunde, die Sinne erfreuende Speisen.
– Essen Sie nicht, was Sie nicht mögen, denn es wird den
  Geist unbefriedigt lassen.
– Nahrung sollte nicht halbgar, verkocht oder angebrannt
  sein.
– Essen Sie keine unreifen oder überreifen Früchte.
– Essensreste oder aufgewärmtes Essen enthält wenig
  Prana, meiden Sie es.
– Trinken Sie vor, während oder nach einem Essen nichts
  Eiskaltes. Kälte versetzt dem Körper einen Schock,
  bremst das Agni und verursacht Ama. Wenn Sie
  während der Mahlzeiten trinken wollen, versuchen Sie
  es mit etwas Warmem oder mit einer kleinen Menge
  verdauungsförderndem Wein.
– Essen sollte man in angenehmer Gesellschaft oder in
  wunderbarer Ruhe.

Die Faktoren
Um für sich die richtige
Ernährung zu finden,
müssen Sie die folgenden
Punkte beachten:
– Ihre Konstitution (siehe
  Seite 38 - 41)
– ein eventuelles Dosha-
  Ungleichgewicht (siehe
  Seite 62 - 63)
– Ihr Alter (siehe Seite 10)
– die Stärke Ihrer Verdau-
  ung (Siehe Seite 49 - 50)
– Ihren Lebensstil

Ihre Ernährung braucht Veränderungen

Oft ist die Entscheidung, welche Ernährung für Sie nun die richtige ist, der schwerste Teil bei der Anwendung der ayurvedischen Grundlagen. Lassen Sie sich Zeit, um sich mit den Dosha-Eingruppierungen der Nahrungsmittel vertraut zu machen (siehe Seite 133- 143) und um die Wirkungen Ihrer gegenwärtigen Ernährung besser kennenzulernen. Welchen Einfluß Nahrungsmittel auf Ihr Wohlbefinden haben, merken Sie dann, wenn Sie eine kleine Änderung nach der anderen vornehmen.

Diese Änderungen könnten beispielsweise darin bestehen, nun andere Nahrungsmittel zu essen, sie unterschiedlich zusammenzustellen oder mit verschiedenen Methoden zuzubereiten. Eine andere Zusammensetzung gehört auch in Ihre Ernährungsgewohnheiten eingepaßt. Bestimmte Vorlieben werden gerade beim Essen nicht gerne aufgegeben, und der Gedanke an geeignete Alternativen fällt zu Beginn meist schwer. Auch Ihre Verdauung muß sich erst auf die neue Nahrung einstellen und plötzliche oder allzu große Veränderungen fallen ihr schwer. Langsame Veränderungen sind das beste.

Die Doshas beruhigen
In der untenstehenden Aufzählung finden Sie die wichtigsten Regeln für jede Dosha beruhigende Ernährung. Aus der „Ja"-Spalte der Übersichten (siehe Seite 133 - 134) können zusätzliche Nahrungsmittel ausgewählt werden. Meiden Sie die in der „Nein"-Spalte. Nur, was Sie gewohnheitsmäßig machen, zählt. Gelegentliche Ausrutscher sind nicht so schlimm.

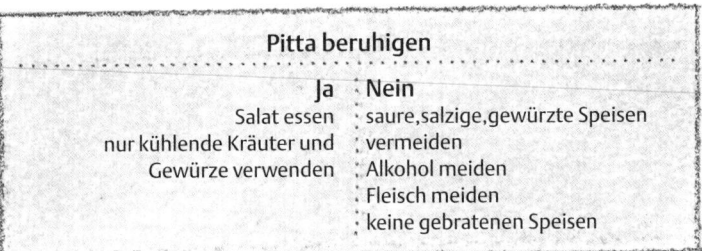

Pitta beruhigen

Ja	Nein
Salat essen	saure,salzige,gewürzte Speisen
nur kühlende Kräuter und	vermeiden
Gewürze verwenden	Alkohol meiden
	Fleisch meiden
	keine gebratenen Speisen

Vata beruhigen

Ja	Nein
kräftig würzen	keine rohen Speisen
Schweres, Warmes,	trockene Speisen
Öliges, Feuchtes essen	meiden
Mahlzeiten zu regel-	Blattgemüse meiden
mäßigen Zeiten ein-	kalte Speisen meiden
nehmen	gefrorene Speisen
	meiden

Kapha beruhigen

Ja	Nein
jede Menge Gemüse	süße und salzige
essen	Speisen meiden
Salate essen	Milchprodukte meiden
trockene, leichte	gebratene Speisen
Speisen essen	meiden
würzen	gefrorene Speisen
	meiden

Beruhigende Ernährung – aber welche?

Das bei Ihnen vorherrschende Dosha hat die Neigung, am leichtesten anzusteigen. Die Kenntnis Ihrer Konstitution (siehe Seite 38 - 41) gibt Ihnen aber nun die Möglichkeit, Nahrungsmittel auswählen, die eine beruhigende Wirkung auf das Dosha haben. Dadurch kommt auch die Dosha-Energie in Ihrem konstitutionellen Gleichgewicht wieder ins Lot, und Ihre Vitalität steigt. Aber befinden sich auch Ihre anderen Doshas im Gleichgewicht (siehe Seite 63)? Dies gilt es zu prüfen, bevor Sie zu einer beruhigenden Ernährung für Ihr vorherrschendes Dosha übergehen.

Vielleicht haben Sie ja auch eine aus zwei Typen bestehende Konstitution. Keines der beiden vorherrschenden Doshas darf dann durch die Ernährung ansteigen. Mit einer Pitta-Kapha-Konstitution beispielsweise dürfen nur Nahrungsmittel ausgewählt werden, die weder Pitta noch Kapha im Übermaß erhöhen. Dazu kommen auch noch jahreszeitliche Einflüsse, denn eine Pitta beruhigende Er-

Die Wahl der Ernährung

Suchen Sie aus den untenstehenden Zusammenstellungen Ihren doshischen Zustand heraus. Damit werden Sie dann auf die Ihnen angemessene Ernährung hingewiesen. Haben Sie beispielsweise eine Vata-Konstitution mit erhöhtem Pitta, ist eine Pitta beruhigende Ernährung für Sie richtig. Schauen Sie noch einmal in die Übersichten auf den Seiten 133-143 um herauszufinden, welche Nahrungsmittel zu welcher Ernährung passen.

Vata beruhigende Ernährung für:

– Vata-Konstitution, bei der kein Dosha erhöht ist
– Vata-Konstitution mit erhöhtem Vata
– Pitta-Konstitution mit erhöhtem Vata (ohne das Pitta zu erhöhen)
– Kapha-Konstitution mit erhöhtem Vata (ohne das Kapha zu erhöhen)

Pitta beruhigende Ernährung für:

– Pitta-Konstitution, bei der kein Dosha erhöht ist
– Pitta-Konstitution mit erhöhtem Pitta
– Vata-Konstitution mit erhöhtem Pitta (ohne das Vata zu erhöhen)
– Kapha-Konstitution mit erhöhtem Pitta (ohne das Kapha zu erhöhen)

Kapha beruhigende Ernährung für:

– Kapha-Konstitution, bei der kein Dosha erhöht ist
– Kapha-Konstitution mit erhöhtem Kapha
– Vata-Konstitution mit erhöhtem Kapha (ohne das Vata zu erhöhen)
– Pitta-Konstitution mit erhöhtem Kapha (ohne das Pitta zu erhöhen)

nährung wird im Sommer und eine das Kapha beruhigende Ernährung im Winter angemessen sein.

Ist jedoch eines Ihrer konstitutionell nicht vorherrschenden Doshas im Übermaß (siehe Seite 63), dann sollte Ihre Ernährung zunächst das übermäßige Dosha beruhigen, bis es wieder auf sein konstitutionelles Gleichgewicht gebracht ist. Ihr vorherrschendes Dosha darf allerdings nicht zur selben Zeit erhöht werden. Hinweise für Menschen mit zwei Konstitutionstypen werden ja weiter oben im Text gegeben. Mit einer Pitta-Konstitution, aber einem Übermaß an Vata beispielsweise ist eine das Vata beruhigende Ernährung richtig, andererseits sollten Speisen, die Ihr Pitta ansteigen lassen, nicht in größerem Rahmen gegessen werden. Die Zeichen für die überhöhten Doshas im Körper lassen sich ja verfolgen (siehe Seite 63), und wenn das überhöhte Vata ausgetrieben worden ist, können Sie mit der das Pitta beruhigenden Ernährung weitermachen.

Die Speisen für eine Familie zubereiten

Wenn jeder in Ihrem Haushalt derselben das Dosha beruhigenden Ernährung folgt, ist alles ganz einfach, denn dann lassen sich die Mahlzeiten um die erforderlichen Zutaten und Leitlinien herum planen. Ein angemessenes Essen für unterschiedliche Dosha-Anforderungen zusammenzustellen kann dagegen ganz schön schwierig sein. Bis Sie sich mit den allgemeinen Leitlinien vertraut fühlen, sollten Sie die Mahlzeiten so belassen, wie sie sind. Für jeden eine passende Ernährung zu verfolgen würde ja zunächst bedeuten, jeweils andere Mahlzeiten zu kochen!

Daher raten wir Ihnen, zunächst die gekauften Nahrungsmittel nach Vata, Pitta und Kapha einzustufen. Wenn Sie zwei Doshas beruhigen wollen, dann suchen Sie sich aus den Übersichten (Seite 133 - 143) jene Nahrungszusammenstellungen heraus, die beide Doshas ansprechen.

Es gibt keine einfache Lösung, aber Umsicht und ein individueller Einsatz von Gewürzen und Garnierung werden Ihnen helfen. Ein anderer möglicher Weg sind die schon beschriebenen Eintopfgerichte (siehe Seite 146), die Sie so oft wie möglich kochen können.

Garnituren

Entsprechend dem Dosha kann individuell garniert werden: Pittas erhalten Korianderblätter, Minze, Raita (Gewürz auf Joghurt-basis) oder kleingehackte Kokosnüße. Vatas und Kaphas fügen frischen gemahlenen Pfeffer oder eingelegte Ingwerstücke bei.

Ernährungsprofile

Vickys Ernährung (Seite 112)

Vicky ist Vegetarierin mit einer Vata-Konstitution und einem Vata-Ungleichgewicht. Da sie ungeeignet zusammengestellte Nahrung nicht völlig verdauen kann, sammeln sich bei ihr auch Giftstoffe an. Sie sollte ebenso regelmäßig wie einfach essen und vor allem rohe und trockene Nahrung vermeiden. Aus den Übersichten (S.133 - 143) passen für Vicky die Vata beruhigenden Lebensmittel aus der „Ja"-Spalte.

Giles Ernährung (Seite 81)

Giles Nahrung erhöht sein Kapha, obwohl er bereits eine Kapha-Konstitution hat. Gebratene und gesüßte Nahrung sollte er ebenso vermeiden wie Milchprodukte. Auf ihn paßt die „Ja"-Spalte der Kapha-beruhigenden Lebensmittel (133 - 143).

Martins Ernährung (Seite 105, 182, 183)

Martin hat einen Überschuß an Pitta und eine Pitta-Konstitution. Seine gegenwärtige Ernährung läßt sein Pitta weiter ansteigen und sollte umgestellt werden. Gebratenes, Alkohol und Kaffee sowie vor allem rotes Fleisch sollte er meiden. Die „Ja"-Spalte der Pitta beruhigenden Lebensmittel (133 - 143) ist für ihn zutreffend.

Vickys Ernährung

Mahlzeit	Zusammenfassung des wöchentlichen Ernährungsprotokolls	Änderungsvorschläge, um das Vata zu beruhigen
Frühstück	Müsli auf Hafergrundlage mit getrockneten Früchten, kalter Milch und Joghurt; gekochtes Ei mit Toast. Kaffee.	Den Hafer kochen; die Früchte getrennt essen und getrocknete Früchte einweichen; Milch nicht mit Joghurt mischen; Rührei.
Mittagessen	Gemischter Salat aus Kopfsalat, Tomaten und Gurken mit Flammkuchen oder Käse und gebackener Kartoffel.	Gemüse sautieren oder dampfgaren. Hartkäse durch Hüttenkäse ersetzen. Frischen schwarzen Pfeffer drübermahlen. Entweder eine Süßkartoffel nehmen oder die weißen Kartoffeln mit Öl und Gewürzen kochen. Vollkornnudeln und Sauce. Lassi.
Abendbrot	Linsen-, Bohnen- oder Nußgerichte mit Salat oder Gemüse; Reispudding, Joghurt, Käsekuchen oder Früchte	Hülsenfrüchte einschränken auf Mung-Bohnen, einige Sojaprodukte und rote Linsen. Um Blähungen und Verstopfungen zu vermeiden, die Bohnengerichte mit Kreuzkümmel, Koriander und Fenchel zubereiten. Das Küchenallerlei mit Brot und sauer Eingelegtem versuchen. Joghurt durch Lassi ersetzen. Früchte nur als Zwischenmahlzeit.
Snacks	Reiskuchen, Schokolade; gelegentlich Alkohol, Apfelsaft, Sprudel.	Süße Früchte. Kleine Küchlein aus Vollkornweizen oder Hafer mit Gewürzen wie Zimt und Ingwer. Ingwertee, heiße gewürzte Milch. Um den Appetit anzuregen, kleine Mengen Alkohol.

Giles Ernährung

Mahlzeit	Zusammenfassung des wöchentlichen Ernährungsprotokolls	Änderungsvorschläge für eine das Kapha beruhigende Ernährung
Frühstück	Gezuckerte Getreideflocken mit kalter Milch; Toast mit Butter und Marmelade; Kaffee. Am Wochenende Frühstück mit gebratenem Schinken, Ei, Tomate, Brot.	Ein leichtes Frühstück vor 7.30 Uhr, bestehend aus einem Müsli (ohne Weizen) und z.B. Apfelsaft anstelle von kalter Milch.
Mittagessen	Käsebrötchen oder Pizza oder Scampis und Fritten. Süße Stückchen oder anderer Nachtisch. Bier.	Suppen oder Salate, diese aber mit nur wenig Dressing; Lassi.
Abendbrot	Fleisch- oder Leberpastete oder Roastbeef oder Huhn mit gekochten oder überbackenem Gemüse. Jeden Tag Nachtisch, manchmal mit Sahne.	Süßwasserfisch oder Huhn, gedämpfte Gemüse; Gerichte mit Basmati-Reis oder Hirse; gebackener Apfel mit Zimt und Nelke.
Snacks	Schokoladenbisquits, Tee, Fruchtsäfte und sprudelnde Getränke.	Früchte; Apfelsaft, Grapefruitsaft, Kräutertees.

Martins Ernährung

Mahlzeit	Zusammenfassung des wöchentlichen Ernährungsprotokolls	Änderungsvorschläge für eine das Pitta beruhigende Diät
Frühstück	Wenn er unterwegs ist, gibt es zum Frühstück Gebratenes; Kaffee. Zuhause Kaffee, Frühstück wird übersprungen; noch mehr Kaffee und was dann im Büro gerade so da ist.	Unbedingt frühstücken; Hafermehl, Weizenschrot, Toast oder Pfannkuchen.
Mittagessen	Geschäftsessen, oft beim Italiener oder Mexikaner; Wein; ansonsten belegte Brötchen.	Die Salatbar ansteuern; keinen Alkohol.
Abendbrot	Eine Vielzahl unterschiedlicher Speisen, oft Steaks; liebt kräftige Saucen vor allem mit Tomaten, Knoblauch, Zwiebeln oder Chili. Weine und Liköre.	Reisgerichte und Nudeln; anstelle von scharf gewürzten Saucen Kräutersaucen verwenden; die Alkoholmenge verringern.
Snacks	Salzige Snacks. Kaffee. Schnäpse.	süße Früchte; kalte Getränke, verdünnte süße Fruchtsäfte, Pfefferminztee.

Kräuter und Gewürze

Kräuter und Gewürze kommen in der westlichen Küche nur in kleinen Mengen und hauptsächlich zur Geschmacksabrundung vor. Im Ayurveda werden sie dagegen in einen größeren Zusammenhang gestellt. Kräuter und Gewürze machen Gerichte nicht nur wohlschmeckend, sie regen auch den Appetit an und helfen der Verdauung: Sie regen die Verdauungssäfte an, befördern die Aufnahme der Nahrung im Darm, verringern die Gasbildung und beeinflussen die Doshas. Einige Gewürze dürfen in keiner Küche fehlen ; die zehn hier vorgestellten bieten eine gute Grundlage, wenn zuvor nicht viel mit Gewürzen gekocht wurde. Jedes Gewürz und Kraut hat seine eigenen energetischen Wirkungen – entweder kühlend oder erwärmend – und wirkt auch auf die Doshas ein – entweder erhöhend (E) oder beruhigend (B). In der Reihenfolge V, P und dann K werden die Wirkungen beschrieben.

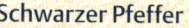

Schwarzer Pfeffer

erhitzend B* E B
steigert den Appetit und das Agni; erleichtert die Verdauung von Milchprodukten; Reizbarkeit, Empfindlichkeit und Trockenheit sind die Folgen von zuviel Gebrauch. Pfeffer immer frisch mahlen.

Koriander

kühlend B B B
wirkt den scharfen Nahrungsmitteln entgegen, allgemein stimulierende Wirkung auf das Verdauungssystem; lockert die Gase. Entweder als ganze Samen oder zerrieben verwenden, die Blätter eignen sich zum Garnieren.

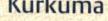

Kurkuma

erhitzend B* B* B
Stoffwechsel und Verdauung werden gestärkt und allgemein verbessert. Proteine können leichter verdaut werden. Die Wurzel wird gemahlen verwendet. Es gibt den Gerichten eine gelbe Farbe und es ist in der indischen Küche weit verbreitet; färbt Stoffe und Porzellan ein.

Kardamon

erhitzend B B* B
wird es nicht im Übermaß verwendet, entzündet es Agni, ohne das Pitta ansteigen zu lassen. Der schleimbildenden Wirkung von Milchprodukten wird entgegengewirkt, ebenso den Wirkungen des Koffeins.

B = beruhigt E = erhöht * = beruhigt, wenn es nicht im Übermaß verwendet wird

Zimt

erhitzend B B* B
regt das Agni an. Pitta wird
viel weniger als durch Ingwer
betroffen; entweder als Pulver, in Stangen oder in
Stücken verwenden.

Gewürznelke

erhitzend B E B
regt das Agni an und hilft bei der
Aufnahme der Nahrung; im ganzen
oder gemahlen verwenden.

Kreuzkümmel

leicht erhitzend B B* B
nicht im Übermaß verwendet,
beruhigt es Vata und Kapha, ohne
das Pitta zu erhöhen; das Verdauungssystem wird tonisiert, Ama
und Gase werden verringert;
ganze Samen oder Pulver
verwenden.

Ingwer

erhitzend B E B
wird im Ayurveda hoch geschätzt; wirkt auf alle
Gewebe, besonders auf Verdauung und Atmung. Er
regt das Agni an, beseitigt Blähungen sowie Vata-
oder Kaphastörungen der Verdauung. Bei hohem
Pitta, erhöhter Körpertemperatur, Blutungen oder
Geschwüren nicht zu verwenden. Verwendung finden die frischen oder getrockneten Wurzeln; für
Vata ist die frische Wurzel am besten.

Fenchel

kühlend B B B
ohne das Pitta zu erhöhen, läßt er das
Agni ansteigen; wirkt Gasentstehung
entgegen. Die Samen können entweder nach der Mahlzeit gekaut oder
beim Kochen gasbildendem Gemüse
zugegeben werden.

Muskatnuß

erhitzend B E B
erleichtert die Aufnahme der Nahrung und wirkt beruhigend; sparsam verwenden.

Getränke aus Kräutern und Gewürzen

Kräuter und Gewürze dürfen in Ihrer Küche ruhig sehr vielseitige Verwendung finden: wählen Sie sie nach Ihren Bedürfnissen und entsprechend den Jahreszeiten aus. Heiße, scharfe Gewürze sind für Sie ungeeignet, wenn Sie viel Hitze in Ihrem Körper tragen (beispielsweise eine Pitta-Konstitution oder einen Überschuß an Pitta haben). In Maßen können Sie trotzdem schwarzen Pfeffer, Kardamon, Zimt und Kurkuma verwenden (siehe Seite 158 - 159). Die kühlende Wirkung von Koriander und Fenchel wird Ihnen dagegen guttun. Menschen mit einem kühlen Grundzustand (einer Vata- oder Kapha-Konstitution) können alle Gewürze anwenden. Besonders im Winter sind dann erhitzende Gewürze wie Ingwer, schwarzer Pfeffer und Nelken hilfreich. Ein reichhaltiges Angebot an Gewürzen darf also in Ihrer Küche nicht fehlen, egal welcher Konstitutionstyp Sie sind.

Um mit dem Geschmack und den Wirkungen von Kräutern und Gewürzen vertraut zu werden, sind Zubereitungen in allen Arten von Getränken ein guter Weg. Als Alternative zu Schwarztee oder Kaffee lassen sich eigene Tees entsprechend Ihren ganz besonderen Erfordernissen zusammenstellen. Im folgenden finden Sie einige Rezepte für ganz unterschiedliche Getränke zum Ausprobieren. Die angegebenen Mengen sind nur ein Richtwert, Ihre eigenen Vorlieben zählen.

Ingwertee

Dieser sehr wärmende Tee kann aus frischem oder getrocknetem Ingwer zubereitet werden. Auf eine Henkeltasse kommt entweder ein Teelöffel geriebener oder fein gehackter frischer Ingwer oder ein viertel Teelöffel getrockneter Ingwer. Dann kochendes Wasser aufgießen, fünf Minuten ziehen lassen und vor dem Trinken durch ein Sieb abgießen. Nach Bedarf Honig oder braunen Zucker zugeben.

Ein wärmendes Getränk

Diese Mischung aus fünf gemahlenen Gewürzen ist einfach in kleinen Mengen herzustellen und läßt sich gut in einem Einmachglas aufbewahren. Man mischt einen Teil schwarzen Pfeffer mit je einem Teil Kardamon, Zimt, Gewürznelke und Ingwer. Sie können die Mengenverhältnisse beliebig verändern, allerdings neigt der schwarze Pfeffer dazu, die anderen Gewürze zu überlagern, also Vorsicht. Mischen Sie die Gewürze nun richtig gut untereinander und gießen Sie heißes Wasser zu einem viertel Teelöffel der Mischung in die Henkeltasse. Ein paar Minuten ziehen lassen, und dann nach Belieben Honig oder braunen Zucker zugeben. Auch normalen Tee kann man mit einer Prise dieser Mischung versehen – einfach um den Geschmack zu variieren.

Ein kühlendes Getränk

Gut für alle konstitutionellen Typen, wirkt dieser Tee eher in seinen energetischen Eigenschaften als von seiner Temperatur her kühlend. Er wird zu gleichen Teilen aus den Samen von Kreuzkümmel, Koriander und Fenchel gemischt, und pro Henkeltasse nimmt man einen Teelöffel der Samen. Heißes Wasser dazu und etwas ziehen lassen. Schneller geht's mit einer vorbereiteten Mischung aus einem Glas, die in eine Teekugel kommt.

Gewürzte Milch

Gut bemessene Prisen (etwa ein viertel Teelöffel) von gemahlenem Ingwer und Zimt sowie eine kleine Prise Muskatnuß werden in eine kleine Henkeltasse gegeben und mit heißer Milch übergossen. Nachdem die Milch etwas abgekühlt ist, je nach Geschmack mit Honig nachsüßen und gut umrühren. Ein hervorragender Gute-Nacht-Trunk, der Vata mildert und den Schlaf fördert. Auch hier ist Ausprobieren mit den Mengen erlaubt, und Zimt kann auch durch eine Gewürznelke ersetzt werden.

Lassi

Zur Unterstützung der Verdauung wird am Ende einer Mahlzeit dieses Getränk empfohlen, das die natürlichen Eigenschaften des Joghurt verändert. Passen Sie die Gewürze Ihrer Konstitution an: Kreuzkümmel, Ingwer, Kardamon und/oder schwarzer Pfeffer werden von Vata- und Kapha-Typen bevorzugt. Vorsicht mit dem schwarzen Pfeffer, er gibt der Sache etwas Würze. Koriander oder Fenchel sind die Gewürze für Pittas. Joghurt wird zu gleichen Teilen mit Wasser vermischt; höchstens einen Teelöffel der ausgewählten Gewürze zugegeben. Nach Bedarf mit etwas Ahornsirup süßen.

Küchenallerlei

Das Küchenallerlei ist ein wohlschmeckendes Eintopfgericht aus Reis, Bohnen, Gewürzen und Gemüsen. Sie können die Gewürze und Gemüse entsprechend Ihrem Geschmack und Ihren Dosha-Bedürfnissen zusammenstellen. Gerade bei unregelmäßiger Verdauung (siehe Seite 76-77) ist das Küchenallerlei sehr gut geeignet, denn es ist nahrhaft und sehr leicht verdaulich. Die für den Körper verfügbare Proteinmenge erhöht sich, wenn Reis und Bohnen im Verhältnis zwei zu eins gemeinsam Verwendung finden, statt sie getrennt zu essen. Bei schwacher Verdauung kann Küchenallerlei ruhig zu einer breiigen Konsistenz zerkocht werden.

Zutaten sind: Öl, Basmati-Reis, Wasser, Gewürze, gelbe Mung-Bohnen und verschiedene Gemüse.

Sowohl die Menge als auch die Auswahl der Gewürze sind frei wählbar. Vielleicht versuchen Sie es zu Beginn mit einem halben Teelöffel Kreuzkümmel, Koriander und Fenchelsamen pro Person sowie einem halben Teelöffel Kurkuma. Auf diese Weise ist das Gericht für alle konstitutionellen Typen geeignet. Ingwer macht das Küchenallerlei wärmer.

Etwa eine Handvoll Basmati-Reis (ca. 30g) und halb soviele Mung-Bohnen pro Person werden gewaschen und vermischt.

Etwa einen Teelöffel Ghee (Butterschmalz) oder Öl in einem Topf oder Kasserole erhitzen, und die Gewürzsamen kurz andünsten, dann folgen die gemahlenen Gewürze. Reis und Bohnen werden im Öl gewendet. Nun heißes Wasser aufgießen, bis Reis und Bohnen etwa fünf Zentimeter hoch bedeckt sind. Das Ganze wird zum Kochen gebracht, dann die Hitze reduziert, und das Ganze köchelt nun unter gelegentlichem Umrühren vor sich hin. Falls es zu trocken wird, gießen Sie Wasser nach.

Gemüse passen hervorragend dazu. Alle Gemüse werden gewaschen, in Würfel geschnitten und Wurzelgemüse mit dem Reis zusammen gekocht, die blättrigen oder weichen Gemüse werden erst später zugegeben. Gemüse sollten für Ihre Doshas geeignet sein (Übersichten auf den Seiten 133-143). Wenn der Reis gar ist, sollte ein Großteil der Flüssigkeit aufgesogen oder verdampft sein.

Ein Eintopfgericht

Leicht zuzubereiten, leicht verdaulich und nahrhaft ist das Küchenallerlei, ein Gericht aus Reis und Bohnen. Regelmäßig gegessen kann es zu Verstopfung führen, allerdings wirken kleingeschnittene Gemüse dem entgegen (siehe Text).

Gemüse

Etwa 20 bis 40 Prozent Ihrer Ernährung sollten aus Gemüse bestehen. Gemüse sind im allgemeinen leicht, und mit einer Kapha-Konstitution können Sie reichlich davon essen.

Rohkost wird im Ayurveda nicht empfohlen, denn sie ist sehr schwer verdaulich. Ist Ihre Verdauung aber in Ordnung, sind rohe Gemüse gelegentlich eine feine Sache. Da Salate Pitta beruhigen, aber Vata erhöhen, sind sie im Sommer eher geeignet als im Winter. Im Vata-Alter mit über 55 Jahren sollten Salate nur noch gelegentlich mit einem Öl-Dressing genossen werden. Rohe Tomaten stören alle Doshas und sollten daher nicht regelmäßig gegessen werden. Und noch etwas: Gekochtes und rohes Gemüse sollte nie gemeinsam zur selben Mahlzeit gegessen werden, da Rohes mehr Zeit zur Verdauung benötigt.

Die Art des Kochens fügt Ihren Gemüsen weitere Eigenschaften hinzu. Beim Braten, Wenden oder Sautieren wird das Öl Kapha und Pitta ansteigen lassen, nicht aber das Vata. Nur leicht gedünstete und noch bißfeste Gemüse erhöhen das Vata und sind schwerer verdaulich.

Kartoffeln sind von sich aus Vata, und das Backen im Ofen trocknet sie noch weiter aus. Ihre Schale ist schwer verdaulich, denn sie besitzt noch eine andere Vata-Eigenschaft – Rauheit. Ist Ihr Vata nicht erhöht, genießen Sie gebackene Kartoffeln. Auf Seite 165 finden Sie eine Zubereitungsart, die die Vata-Eigenschaften der Kartoffeln mindert. Dampfgaren erhält Kartoffeln und Gemüse den Geschmack und macht sie leichter verdaulich.

Gemüse sollten aus biologischem oder organischem Anbau aus einer Gärtnerei in Ihrer Nähe stammen und möglichst frisch sein.

Gewürfeltes und gewürztes Gemüse wird in wenig Wasser gekocht und ist für alle Dosha-Typen geeignet.

Frische Gemüse
Welch wunderbaren Duft haben frischgeerntete Gemüse aus Ihrer Biogärtnerei in der Nähe. Suchen Sie sich die für Ihre Doshas passenden aus.

Unterschiedliche Zusammenstellungen von Gewürzen und Gemüsen können natürlich ausprobiert werden. Aus den Übersichten (Seite 133-43) suchen Sie sich die für Ihre Doshas passenden Gemüse aus. Sie werden gewaschen und in mundgerechte Happen zerkleinert. Auch das Auge ißt mit, also seien Sie beim Schnippeln ruhig etwas schöpferisch!

Zum Kochen ist ein großer flacher Edelstahltopf mit einem dicken Boden und Deckel ideal. Unter mäßiger Hitze werden zwei bis drei Eßlöffel Öl zugegeben – mit einer Kapha-Konstitution das Öl eher knapp halten. Dann kommen die ausgesuchten Gewürze in den Topf. Sie sollen sowohl Ihrem Agni und Ihren Doshas guttun (siehe Seite 158-159) als auch Aroma und Würze geben. Wenn Sie sich noch nicht so richtig an die Gewürze herantrauen, dann versuchen Sie es doch mit je einem halben Teelöffel Kreuzkümmel und Senfkörnern, wobei die schwarzen Senfkörner kräftiger im Geschmack sind als die gelben.

Zuerst werden die ganzen Samen im Öl gedünstet, bis sie aufplatzen, dann folgen die gemahlenen Gewürze (z.B. Kurkuma oder Fenchel); einen Moment warten und dann die zerkleinerten Gemüse hinzugeben. Eine Minute im Öl und den Gewürzen wenden, dann ein wenig Wasser aufgießen.

Das Wasser zum Kochen bringen, den Deckel aufsetzen und bei geringer Hitze leise köcheln lassen, bis die Gemüse gar sind. Je nach Gemüseart und Größe der geschnittenen Stücke ist die benötigte Wassermenge unterschiedlich – Wurzelgemüse brauchen mehr als weiche Gemüsearten (z.B. Zucchini). Ist das Gemüse gar, sollte alles Wasser verkocht sein, es kann ja während des Kochens bei Bedarf nachgegossen werden.

Auf diese Weise gekochte Gemüse und Küchenallerleis sind leicht verdauliche, nahrhafte, wohlschmeckende und billige Gerichte, die für alle Doshas ausgewogen sind. Dazu ein Fladenbrot, eine Garnierung entsprechend Ihrem Dosha (siehe Seite 155) und danach ein Glas Lassi (siehe Seite 161) – wohl bekomm's.

Geist und Emotionen

यद्गुणं चाभीक्ष्णं पुरुषमनुवर्तते सत्त्वं
तत्सत्त्वमेवोपदिशन्ति मुनयो बाहुल्यानुशयात् ॥

*Der Geist einer Person wird nach Art seiner sich wiederholenden
Handlungen beurteilt. Diese Eigenschaft muß in ihm vorherrschend sein,
das ist der Grund für diese Beurteilung.*
(Charaka Samhita, *Kapitel 8:6)*

Solange alle Ebenen in Harmonie schwingen, erfährt der
vollkommene menschliche Körper keine Störungen seines
Energieflusses. Das Wunder und die Schönheit des Lebens
finden ihren Ausdruck in Körper, Geist, Bewußtheit und
dem, was jenseits des Vorstellbaren liegt. Auf welcher dieser Ebenen nun auch immer eine Störung vorliegen mag,
sie wird die Gesundheit angreifen

Der am leichtesten zugängliche Teil Ihres Seins ist Ihr
Körper; in ihm spiegeln sich die weniger faßbaren Teile
Ihres Ichs wider. Nicht nur alle Erfahrungen, sondern
auch, wie diese Erfahrungen aufgenommen wurden, kommen in ihm zum Ausdruck. Im Alltag sucht unser Geist
ständig nach neuen Reizen, und so geht unserem Körper
manchmal die notwendige Pflege verloren.

Dieses Alltagsdenken hat, nach ayurvedischer Vorstellung, Eigenschaften und muß, obwohl feinstofflicher als
der Körper, demnach physisch sein. Um richtig zu funktionieren, muß es dazu auch, wie der Körper, ausgeglichen
sein. Der Geist ist aber schneller und fordernder als der
Körper und daher auch schwerer richtig unter Kontrolle
zu bringen. Ahamkara (siehe Seite 18 - 21) kann sich so
sehr auf sich selbst beziehen, daß nicht nur die Verbindung mit der inneren Weisheit verloren scheint, sondern
auch die Vorstellung, Teil eines kosmischen Bewußtseins
zu sein.

Alle Krankheiten sind nach ayurvedischer Vorstellung psychosomatisch. Geist und Körper sind beide einbezogen und müssen berücksichtigt werden, um die Gesundheit wiederherzustellen und das Wohlbefinden aufrechtzuerhalten. Da alle Ebenen des Seins miteinander in Beziehung stehen, kommt der Nutzen auf einer Ebene auch den anderen Ebenen zu Gute.

Unser Alltagsdenken

Sinne und Handlungen werden durch den Geist miteinander verbunden. Er regelt nicht nur die Schnittstellen zwischen äußerer und innerer Welt, sondern auch die im Inneren ablaufenden Veränderungen. Der ganze Körper wird vom Geist durchzogen.

Alle unsere Erfahrungen auf der physischen Ebene werden uns von einem oder mehreren Sinnen vermittelt, und alle unsere Wahrnehmungen haben Eigenschaften, die auf VPK bezogen werden können. Der Geschmack (siehe Seite 54-55) ist das einfachste Beispiel, aber die anderen Sinne gehören ebenso dazu. So hat beispielsweise ein brutaler Film das Pitta verstärkende Eigenschaften, und Kitzeln erhöht das Vata.

Nicht jeder Sinneseindruck tritt ins Bewußtsein, aber seine Eigenschaften können gemäß dem Prinzip „Gleiches verstärkt Gleiches" die Doshas ansteigen lassen. Also setzen Sie sich nicht mehr als nötig ungeliebten Eigenschaften aus, und genießen Sie die, die zu Ihrem Wohlbefinden beitragen.

Die Klarheit Ihres Geistes hängt von seinem Gebrauch ab. Wie ein Muskel braucht er ein bestimmtes Maß an Anspannung, weder zu viel noch zu wenig. Pitta-Typen haben einen scharfen schnellen Verstand – sie lesen gerne und lösen Denksportaufgaben – , den sie leicht überbeanspruchen. Kaphas sind langsamere Denker, die an geistige Anregungen nicht gewöhnt sind, sie würde ihnen allerdings guttun. Jedesmal wenn man einem Vata-Typ begegnet, steckt er voller neuer Ideen und Vorhaben. Um sowohl bei der Planung als auch bei der Ausführung voranzukommen, sollte sich der Vata-Typ auf eines oder zwei seiner Vorhaben konzentrieren.

Essen für die Seele

Wenn wir Trost suchen, essen wir für gewöhnlich Süßigkeiten. Sowohl im Geschmack als auch in ihrer inneren Struktur haben solche Seelentröster oft Kapha-Eigenschaften. Sie sollten andere Sinne als den Geschmack einsetzen, wenn Sie seelische Blessuren heilen wollen. Freunde, Aromatherapie, Massage oder entspannende Musik werden Sie besser unterstützen und trösten als Süßigkeiten.

Sinnliche Erfahrung
Der süße Duft einer Rose – eine mit Kapha verbundene Eigenschaft.

Gefühle verstehen

Wer seinen Gefühlen Ausdruck verleiht, ist oft der Ansicht, dies sei besser, als sie zu unterdrücken. Im Ayurveda heißt es, es sei noch besser, seine Gefühle zu verstehen, als sie auszuleben oder zu unterdrücken. Denn durch dieses Verständnis werden Gefühle umgewandelt und befreit. So sind beispielsweise die den Ärger auslösenden Ereignisse ebenso interessant wie die Frage, was hinter dem Ärger eigentlich steht. Hinter Ärger, Angst oder anderen schlechten Gefühlen verbergen sich häufig Verletzungen, die Sie zur Ruhe bringen wollten.

Der Geist kann von solchen tiefen, unaufgelösten Gefühlen gestört werden. Sie zeigen sich als körperliche Krankheiten oder entziehen dem Menschen unkontrollierbar Energie. Überwältigende emotionale Erlebnisse oder schockhafte Ereignisse sind besonders dann kaum zu bewältigen, wenn die Reife, sie zu verarbeiten und aufzunehmen, noch nicht gegeben ist.

Körper und Geist haben einen ausgeprägten Überlebenstrieb, der bewußtmachende Prozesse unterdrücken kann. Vielleicht sind Phobien oder andere, weniger klar eingeordnete, aber vergleichsweise unangemessene und gewohnheitsmäßige Handlungen eigentlich Verhaltensweisen, die zur Verteidigung oder Verleugnung eingesetzt werden. Auf diese Weise lenkt das Problem der Phobie die Aufmerksamkeit von der nicht verheilten Beschädigung ab. Offensichtlich wird Energie eher zur Verleugnung und Verdrängung benutzt als zum Aufbau von Wohlbefinden.

Diese zur Verleugnung, Verdrängung benutzte oder in körperlichen Symptomen gebundene Energie wird erst frei, wenn der ursprüngliche seelische Schmerz beseitigt ist, ein Vorgang, der Zeit braucht. Auch wenn es Ihnen manchmal so vorkommt, als ob Sie zwei Schritte vor und einen zurück gingen, so werden Sie doch zur rechten Zeit eine innere Veränderung erfahren. Verstehen, Annehmen und Loslassen bringen diese Veränderung mit sich.

Um emotionale Wunden zu heilen, können Sie mit Ihrer inneren Weisheit (siehe Seite 174) in Kontakt treten. Beobachten Sie Körper und Geist, wenn Sie Ihre Erfahrungen hinterfragen, und überlegen Sie, warum Sie gerade diese

Den Schmerz überwinden
Seelische Wunden sind sehr schmerzhaft, und Sie wollen sich diesem Schmerz möglicherweise nicht stellen. Ein Weg, seelischen Schmerz zu überwinden, ist, ihn zu durchleben. Zum Beispiel kann Trauer nur im Durchleben, der Trauerarbeit, aufgelöst werden. Wird die Trauerarbeit vorher abgebrochen, entstehen unterschiedlichste psychologische und körperliche Probleme, denen man eine Verbindung zur Trauer nicht ansieht. Dieses Prinzip des „Schmerzen durchleben" sollte auf alle Arten von Schmerzen angewendet werden.

Erfahrungen machen. Je intensiver die Beziehung zu Ihrer inneren Weisheit wird, desto mehr zeigt sie Ihnen den einzigartigen Weg zum Verständnis. Wenn Sie sich Ihrer inneren Stimme öffnen, wird sie Ihnen immer die Möglichkeiten enthüllen, die Sie wirklich brauchen.

Begeben Sie sich auf die Suche nach übereinstimmenden oder gleichzeitigen Ereignissen in Ihrem Leben. Dazu können Sie sich selbst einfache Fragen stellen und so tun, als ob eine weise Person Ihnen zuhört. Die Antworten werden nicht unbedingt sofort oder direkt kommen. Irgendwann aber wird Ihnen in Ihrem Alltag etwas dazu Passendes begegnen. Jemand wird Ihnen etwas sagen oder zu lesen geben, das eine Saite in Ihnen zum Schwingen bringt, oder Sie treffen einen Menschen, der Ihnen eine neue Sicht auf Ihre inneren Fragen ermöglicht. Unser logisch denkender Verstand neigt dazu, solche, für jedes Individuum einzigartigen, Übereinstimmungen zu leugnen. Weder Ihr gesunder Menschenverstand noch Ihr Urteilsvermögen werden sich täuschen lassen, wenn Sie Ihre innere Stimme nicht überhören, die sich leise meldet. Mit wachsender Übung wird alles einfacher, und Sie werden merken, wie Sie sich mit Ihrem Leben mehr und mehr im Einklang befinden.

Sich selbst annehmen

Durch Loslassen wachsen wir. Dieses Geschehen kann nur in kleinen Schritten durchlaufen werden. Nehmen Sie sich dabei selbst an. Körper und Geist streben immer nach Gesundheit, aber der Ausgangspunkt ist ihr jetziger Zustand. Sie brauchen Zeit, Fürsorge, Regelmäßigkeit und liebevolle Disziplin.

Ihren Schmerz erkunden

Wenn Sie (seelische oder körperliche) Schmerzen oder ein seelisches Problem haben, nehmen Sie sich die Zeit innezuhalten und festzustellen, wie Sie über den Schmerz oder das Problem denken. Das ist genauso wichtig, wie praktische Schritte zu seiner Beseitigung zu unternehmen.

Der Schmerz sollte leidenschaftslos mit einem hinterfragenden Geist beobachtet und erfahren werden. Setzen Sie die Eigenschaften dieser Erfahrung zu den Doshas in Beziehung (siehe Seite 30-31, 75, 78). Solche Introspektion oder Innensicht braucht Übung, und Sie sollten geduldig sein. Finden Sie heraus, woran Sie eine bedeutungsvolle Einsicht erkennen. Trauen Sie sich selbst zu, einen Rat von Ihrer inneren Weisheit zu empfangen; vielleicht wird sie nur von einer Menge Alltagsgedanken verdeckt.

Diese hinterfragende und beobachtende Haltung können Sie in Ihrem Leben allen Problemen gegenüber einnehmen. Nehmen Sie das Problem an, und erkunden Sie es in allen seinen Teilen, wobei Sie die Haltung des Beobachters nie aufgeben. Die Suche nach einem Verständnis sowie einer Lösung sollte liebevoll, geduldig und sorgsam erfolgen.

Lebensereignisse und Veränderung

Veränderungen verstärken das Vata, und daher haben schockierende Erlebnisse ebenso wie schöne Ereignisse Auswirkungen auf die Gesundheit. Unter allen Doshas ist Vata das flüchtigste, und folgt man den alten Schriften, sind über 50 Prozent der Krankheiten auf Vata-Störungen zurückzuführen. Viele Streßsymptome unseres heutigen Lebens sind durch einen Überschuß an Vata bedingt. Um ein Vata-Ungleichgewicht zu vermeiden, ist in Zeiten der Veränderung besondere Vorsicht geboten. Die Doshas werden von Veränderungen und Lebensereignissen beeinflußt und beeinflussen wiederum Ihre Reaktionsweise. Krankheiten oder Streß dürfen Sie ruhig als mahnende Zeichen begreifen, daß jetzt Korrekturen in Ihrem Lebensstil notwendig werden.

Wichtige Lebensereignisse finden sowohl im familiären als auch im beruflichen Umfeld statt. Zu ihnen zählen Scheidung und Heirat, Schwangerschaft und Geburt, die das Haus verlassenden Kinder ebenso wie ein neuer Arbeitsplatz, ein neuer Vorgesetzter, Monotonie, Berentung oder der Umzug an einen neuen Ort. Der Tod eines geliebten Menschen hinterläßt eine Leere (Vata), aber der Schmerz kann auch andere Emotionen einbeziehen, wie beispielsweise Ärger über die Umstände des Todes (Pitta) oder Schwierigkeiten loszulassen (Kapha).

Lebensereignisse erfassen

Um die wichtigsten Ereignisse in Ihrem Leben zu erfassen, können Sie sich an den folgenden Punkten - orientieren:

– Beschreiben Sie das Ereignis.
– Wie lange hat es gedauert?
– Zu welcher Jahreszeit fand es statt?
– Welche Auswirkungen hatte es auf Ihren Körper?
– Welche Gedanken, welche Gefühle hatten Sie?

Erinnern Sie die Wirkungen der Eigenschaften auf Geist und Körper. Diese werden nun zu den Eigenschaften von VPK (siehe Seite 28 - 31) und zu den Gefühlen (siehe Seite 36, 78, 168 - 169) in Beziehung gesetzt, um die Dosha-Wirkungen Ihrer Erfahrungen zu beurteilen.

Ein Neugeborenes
Die Geburt eines Kindes führt in einer Familie zu vielen Veränderungen. Die emotionalen und körperlichen Erfahrungen wirken sich auf alle Doshas aus. Insbesondere Vata wird durch den Geburtsvorgang, die Veränderungen im täglichen Ablauf, die Unterbrechungen und den Schlafmangel ansteigen.

Unterdrückte Emotionen und der Körper

Doshas werden also durch negative und unterdrückte Emotionen verstärkt (siehe Seite 78, 168 - 169). Solche ungelösten Spannungen verursachen auch Schwachstellen im Gewebe, die solange symptomlos bleiben, bis die Doshas verstärkt werden und sich in die Gewebe ausbreiten. Nach ayurvedischer Vorstellung sind die sieben Gewebstypen (Dhatus) mit den Hautschichten verbunden und können so auch durch Massage erreicht werden.

Massage verbessert nicht nur den Stoffwechsel und hat andere physiologische Wirkungen, sondern sie kann unter den richtigen Bedingungen auch unterdrückte Gefühle freisetzen. Dazu braucht man Zeit, und die Umgebung sollte dabei körperlich wie emotional als sicher empfunden werden. Sind die Berührung und die Haltung des Masseurs ebenso aufmerksam und einfühlend, können unterdrückte Emotionen durchlebt und losgelassen werden – jedoch nur, wenn Sie selbst dazu bereit sind. Ein Zeichen, für die Reinigung des Körper von schlechten Emotionen sind Tränen. Gehen Sie mit sich selbst liebevoll und sanft um, und vertrauen Sie Ihren Erfahrungen.

Schlechte Gefühle

Nach Dr. Vasant Lad stehen bestimmte schlechte Gefühle in einem Zusammenhang mit Organen (siehe Tabelle unten). Alle Erfahrungen werden im Muskelgewebe abgespeichert. Zwischen bestimmten Organen und Muskeln sowie zwischen diesen Muskeln und bestimmten Gefühlen gibt es nach ayurvedischer Vorstellung Verbindungen. Die sieben Schichten der Gewebe sind den Hautschichten zugeordnet. Massage kann alle diese Gewebe beeinflussen.

Organe und schlechte Gefühle

Organ	Gefühlszustand
Nebennieren	Angst, Gefühl mangelnder Unterstützung
Harnblase	Unsicherheit
Dickdarm	Nervosität
Herz	fühlt Mangel an Liebe, Gefühl tiefer Verletztheit
Lunge	Traurigkeit und Kummer
Nieren	Angst
Gallenblase	Haß
Leber	Ärger
Dünndarm	Gefühl zu versagen
Milz	Habgier, Anhänglichkeit, Besitzstreben
Magen	Mangel an Erfüllung, Mangel an Zufriedenheit

Beziehungen

Leben heißt, Beziehungen einzugehen. Ihr Wohlbefinden beeinflußt die und wird beeinflußt von den Beziehungen zu sich selbst, Ihrem Körper, Ihren Schmerzen, Ihren Gedanken, Ihren Emotionen, Ihrem Partner, Ihrer Familie, Ihren Freunden,Ihrer Arbeit, Ihrer Freizeit und Ihrer Umwelt.

Wenn Sie mit sich selbst im reinen sind, kommen auch alle anderen Beziehungen ins Gleichgewicht. Der Schlüssel dazu ist, sich selbst zu lieben, und das heißt, sich anzunehmen, wie man ist. Wenn Sie sich selbst lieben, sind Sie auch fähig, den Rest der Schöpfung zu lieben. Sie spiegeln wider, was Sie sind. Nur wer sich selbst und seine Einzigartigkeit versteht und anerkennt, wird sich selbst lieben können. Die Zeit für die Fürsorge von Körper, Geist und Seele werden Sie sich erst nehmen, wenn Sie sich selbst lieben können.

Sich lieben zu lernen bedeutet darüber hinaus, Achtung vor sich selbst zu bekommen. Dies ist auch die Quelle, die es Ihnen möglich macht, Ihr Leben und Ihre Einstellungen zu verändern, um alle anderen Beziehungen ins Gleichgewicht zu bringen. Wenn Sie im Schöpfungsgeschehen Ihren Platz finden, hilft das allen anderen ebenfalls, ihren Platz zu finden.

Nicht immer lassen sich alle Situationen im Leben angemessen lösen, und Sie müssen vielleicht schwere Entscheidungen treffen und schmerzhafte Erfahrungen machen. Situationen nicht anzunehmen, Handlungen zu bedauern oder handlungsunfähig sein, das alles entzieht Ihnen Energie und wird sich auf Ihre körperliche Gesundheit auswirken.

Ihre Doshas werden auch durch die Eigenschaften der Gefühle in Ihren Beziehungen beeinflußt. Gibt es viel Ärger, steigt Pitta an. Vata wird durch Furcht durcheinandergebracht, und besitzergreifendes Verhalten wirkt sich auf Kapha aus. Achten Sie in schwierigen Zeiten auf Ihre körperliche Gesundheit, indem Sie praktische Schritte in der Ernährung und im Lebensstil vornehmen.

Wachsen und Gedeihen

In all Ihren Beziehungen werden auf natürliche Weise bejahende Seiten zum Ausdruck kommen, wenn Ihre Doshas im Gleichgewicht sind. So ist die Kommunikation Vata zugeordnet, die Aufmerksamkeit Pitta sowie Unterstützung und Mitleid Kapha. Alle Ihre Beziehungen können in diesem entstandenen Raum wachsen und gedeihen. In ihm ist Platz für bedingungslose Liebe und für die Energie des Universums.

Die eigene Identität

Vorurteile, falsche Einschätzungen und tief sitzender Schmerz können zu Vereinsamung, Uneinigkeit oder Entfremdung führen. Das Bewußtsein, Teil der kosmischen Schöpfung zu sein, geht uns verloren. Schmerzen wie Freuden teilen wir mit allen Menschen, aber oft nehmen wir unsere Blessuren und Schmerzen persönlich.

Mit dem, „was wir wirklich sind", können wir bei den Anforderungen, die heute an uns gestellt werden, kaum noch in Kontakt bleiben. Um so schwerer fällt dies, wenn wir uns lediglich durch unsere Gefühle, Gedanken, unseren Alltagsverstand und den physischen Körper begreifen. Erkennen wir aber an, daß es verborgene Ebenen unseres Seins gibt, kommen wir mit unserer inneren Weisheit in Berührung und verstehen, „wer wir wirklich sind". Die Existenz wird erfahrbar.

Ahamkara (siehe Seite 18 - 21) oder eine ausgeprägte individuelle Identität zu haben, ist wichtig, denn sie schützt uns vor unwillkommenen Einflüssen. Der Geist will beim Aufbau unserer Identität Macht erlangen, sich selbst verewigen und nicht etwa dem dienen, „was wir wirklich sind". Dies geschieht schleichend, läuft aber darauf hinaus, daß wir uns nur über unsere Einstellungen definieren. Dann verlieren wir aber das Bewußtsein dafür, „wer wir wirklich sind", wie und warum sich Standpunkte ausgebildet haben und ob sie immer noch unserem Wohlbefinden dienen.

Es ist sehr schwierig und oft schmerzhaft, diesen Teil unseres Selbst zu betrachten. Er zielt für die meisten in die Mitte unseres Seins. Um diese Geisteshaltungen unter die Lupe zu nehmen und vielleicht zu ändern, ist Mut vonnöten. Oft sind diese Haltungen selbstgemachte Filter, die unsere Beziehung mit dem, „wer wir wirklich sind", schwächen und einfärben. Sie behindern uns im Ausschöpfen unserer Möglichkeiten, weil sie unseren Handlungsspielraum einschränken. Festgefahrene Einstellungen lassen sich nicht leicht verändern. Veränderungen sollten nur in angemessenen Zeiträumen vollzogen werden. Langsame Veränderungen sind weniger stressig und den plötzlichen vorzuziehen.

Eingliederung
Alle Seiten des Seins können durch regelmäßige Meditation oder innere Einkehr langsam zusammengeführt werden.

Wer bin ich?

Eine Frage ohne Antwort. Aber durch Stille und Meditation werden Ihnen Teile Ihres Seins bewußt, die jenseits der Begriffe liegen – Einsichten in „wer Sie wirklich sind". Diese Einsichten heilen die inneren Wunden und führen zur Einheit. Jeder Mensch erfährt das auf eine andere Weise. Ihre innere Weisheit wird an der Frage „Wer bin ich?" unabhängig von den äußeren Umständen wachsen, und durch alle Ihre Schmerzen wird ein Licht scheinen.

Bewußtheit und Meditation

Meditation erhält die geistige und emotionale Gesundheit weil sie es ermöglicht, sich darüber klar zu werden, wer man wirklich ist. Der erste Schritt dazu ist die Beruhigung des Alltagsverstandes (siehe unten). Vielleicht meditieren Sie ja bereits, und dann können Sie wie gewohnt fortfahren. Zunächst tauchen beim Meditieren viele Fragen auf: Wie wird richtig meditiert? Welches Ziel wird angestrebt? Wie sind die Erfahrungen zu deuten? Lassen Sie diese Fragen vorüberziehen, ohne sich über sie Sorgen zu machen oder sie zu beantworten. Um sich Ihrer inneren Weisheit bewußt zu werden, gönnen Sie sich einfach eine regelmäßige Stille. Dann wird Ihre innere Weisheit Sie durch alle Seiten Ihres Lebens führen.

Leben ist Meditation

Zwar ist es wichtig, jeden Morgen und Abend zehn Minuten Einkehr zu halten, aber Mediation kann mehr sein. Sie können Ihr ganzes Leben in meditativer Haltung erleben, als ein Beobachter, der Zeuge Ihres Lebens wird. Sie sind sich anschaulich bewußt, wie Gedanken und Handlungen nicht nur Ihr eigenes Wohlbefinden, sondern auch das Ihrer Mitmenschen beeinflussen.

Bis das Leben in diesem Bewußtseinszustand zu einem Teil Ihres Selbst wird, braucht es einige Übung. Einige Momente (zu unterschiedlichen Tageszeiten) in sich hineinzuhören ist ein guter Anfang. Wo Sie das tun, ist egal – an der Bushaltestelle, Ihrem Schreibtisch, während dem

Die innere Einkehr

Hier ein paar Anfangsschritte, um Ihren Geist zur Ruhe zu bringen, wenn Sie noch keine Erfahrung mit Meditation haben. Am besten sitzen Sie gemütlich, aber aufrecht und entspannt auf einem Stuhl oder auf dem Boden. Achten Sie auf das Ein- und Ausströmen Ihres Atems. Die Atmung selbst wird nicht verändert, sondern nur beobachtet. Beim Einatmen sagen Sie leise „SO", beim Ausatmen „HUM". Wenn Ihr Geist sich von der Atmung entfernt, holen Sie ihn sanft wieder zurück und fahren mit „SO-HUM" fort.

Fahren oder Kochen. Verlagern Sie Ihr Gewicht auf eine Körperseite oder sind Sie im Gleichgewicht? Korrigieren Sie Ihre Haltung, aber machen Sie sich keine Gedanken, wenn Sie nach kurzer Zeit wieder in Ihre gewohnten Haltung zurückfallen. Spüren Sie in irgendeinem Teil Ihres Körpers Spannungen oder Schmerzen – beispielsweise in Ihren Schultern oder Beinen? Machen Sie sich keine Gedanken darüber. Bewegen Sie die angespannten Muskeln, massieren Sie die schmerzhaften Stellen und fahren ganz gewohnt mit dem fort, was Sie gerade tun.

Den Zustand Ihres Alltagsverstandes sollten Sie bewußt wahrnehmen. Grübelt diese innere Stimme in Ihrem Kopf weiterhin über die Vergangenheit und macht sich Sorgen über die Zukunft? Überlagert dieses Gedankengeschwätz Ihren klaren Geist und verdüstert Ihre momentanen Wahrnehmungen und Handlungen? Diese kleine Stimme ist am schwersten unter Kontrolle zu bringen. Hüten Sie sich vor ihrem Geschwätz: Es kann wie eine Gehirnwäsche wirken, denn diese sich wiederholenden Gedanken sind Ihnen gegenüber oft kritisch und wenig liebevoll. Vielleicht lassen sie sich ja nicht ausschalten, aber der Inhalt kann anerkennender und liebevoller werden. Wandeln Sie sie im Geiste in bejahende Botschaften um. Ihr Geist wird sich beruhigen, wenn Sie ihm regelmäßig eine zehnminütige Stille gönnen.

> **❝❝**Mediation ist eine sehr ernsthafte Sache.
> *Sie läßt sich überall anwenden – im Büro, mit der Familie,*
> *wenn man jemandem eine Liebeserklärung macht oder sich um*
> *die Kinder kümmert ... In solcher Meditation wird sich Ihnen*
> *eine außergewöhnliche Schönheit offenbaren. Sie werden jeder-*
> *zeit richtig handeln, und selbst wenn Sie einmal nicht das*
> *Richtige tun, macht das nichts. Sie greifen es einfach später*
> *wieder auf – und verschwenden keine Zeit mit Bedauern.*
> *Meditation ist ein Teil des Lebens und nicht von ihm getrennt.*
>
> *Krisnamurti, Meditation* **❞❞**

Veränderungen einleiten

क्रमेणापचिता दोषाः क्रमेणोपचिता गुणाः ।
सन्तो यान्त्यपुनर्भावमप्रकम्प्या भवन्ति च ॥

Allmählich verschwinden die schlechten Einflüsse und kehren nicht mehr wieder;
die guten werden mehr und bleiben dauerhaft.
(***Astanga Hrdayam***, *Kapitel 7:50*)

Ayurveda kann seinen Nutzen nur entfalten, wenn Sie es
in Ihrem Leben auch anwenden. Aber dafür wollen viele
Faktoren berücksichtigt werden. Nicht immer beispielsweise sind die doshischen Einflüsse so scharf voneinander
abgegrenzt, daß die Entscheidung, welches Dosha nun zu
beruhigen ist, leicht fällt. Sollten sie denn am Ende alle
beruhigt werden? Also wo anfangen?

Zunächst einmal sollten Sie zuversichtlich sein und
Selbstvertrauen haben. In Eigenschaften zu denken und
zu fühlen ist Ihnen ja bereits vertraut, nun können Sie mit
der in den Eigenschaften enthaltenen Information logisch
und intuitiv umgehen. Ihren Geist und Ihren Körper kennen Sie sehr gut, auch wenn sich Ihre innere Weisheit
manchmal über Verhaltensweisen wundert, die Ihrer
Gesundheit schaden können.

Eine gute Verdauung (siehe Seite 179) ist der allererste
Schritt zu dauerhafter Gesundheit. Sie verhindert Ama
(siehe Seite 77) und baut gesunde Gewebe (Dhatus) auf,
die in zufriedenstellendes Ojas (siehe Seite 56) umgewandelt werden. Wird das Ojas nicht durch schlechte Lebens-
gewohnheiten erschöpft, sorgt es sowohl körperlich als

auch geistig für ausreichende Immunität. Gegen die täglichen Dosha-Einflüsse macht diese Immunität Sie widerstandsfähiger.

Körper und Geist machen auch sehr unterschiedliche Erfahrungen, die wiederum positiven oder negativen Seiten von Vata, Pitta oder Kapha zugeordnet werden können. Sie werden auch sehen, wie Sie auf die unterschiedlichen Eigenschaften Ihrer täglichen Aktivitäten ansprechen. Als nächstes fangen Sie an, jene Eigenschaften auszuwählen, die Sie in Ihr Leben einfügen möchten. Sie werden auch lernen zu unterscheiden, woher Ihre Sehnsüchte stammen: Will Ihre innere Weisheit ein Dosha ins Gleichgewicht bringen, oder stammt das Bedürfnis urspünglich von Geist oder Körper? Vielleicht ist es ja auch ein Dosha-Überschuß, der sich selbst nach dem Prinzip „Gleiches verstärkt Gleiches" weiter vermehren will? Seien Sie aufmerksam, denn im Alltag wird Ihr Geist viele Tricks auf Lager haben, um Sie zu verwirren.

Die Beurteilungen überdenken

Ihr Verständnis für Ihre Doshas entwickelt sich in einem kontinuierlichen Prozeß, der automatisch abläuft, je mehr Erfahrung in der Beobachtung von Doshas Sie haben. Um die doshischen Muster in Ihrem Leben zu erkennen, müssen Sie deshalb die einmal gemachten Beurteilungen immer wieder überprüfen.

Versuchen Sie sich über eventuell vorhandene tiefe Gefühle klar zu werden, die unter Umständen auf unterschwellige Art Ihr Leben beeinflussen. Sie sind sehr persönlicher und privater Natur und können, wenn man sie nicht angeht, gerade daher Ihre Gesundheit ganz allmählich nachteilig beeinflussen. Nehmen Sie den Standpunkt des Beobachters ein und seien Sie nett zu sich selbst.Um zu entscheiden, welche Bereiche Ihres Lebens Sie verändern wollen, benutzen Sie Ihre eigene Beurteilung (siehe Seite 181). Sich richtig Dosha beruhigend zu ernähren (siehe Seite 154 - 155), ist ein wichtiger Schritt.

Einflüsse, die ein überschüssiges Dosha weiter erhöhen, sollten bei Beschwerden oder Dosha-Ungleichgewicht vermieden oder entfernt werden. Ist das nicht mög-

---

Die Verdauung verbessern

- Korrigieren Sie Einflüsse, die Ihr Agni stören (siehe Seite 76).
- Stellen Sie eine für Ihre Doshas passende Ernährung zusammen (siehe Seite 130 - 165)
- Machen Sie geeignete Übungen (siehe Seite 96 - 97).
- Essen Sie immer zu regelmäßigen Zeiten, und halten Sie die Eßregeln ein (siehe Seite 130 - 165).
- Regen Sie Agni und die Verdauungssäfte durch Kräuter und Gewürze bei der Zubereitung der Speisen und Getränke an (siehe Seite 158 - 165).
- Verbessern Sie Ihre Ausscheidung (siehe Seite 126 - 127).

lich, nehmen Sie diese als unabänderliche Einflüsse an (siehe Seite 166 - 177). Ihr Lebensstil sollte einerseits das erhöhte Dosha beruhigen, andererseits das vorherrschende Dosha nicht stören, wenn dieses mit dem erhöhten Dosha nicht identisch ist. Haben Sie keine Dosha-Ungleichgewichte, sollte Ihr Lebensstil und Ihre Ernährung das (die) vorherrschende(n) Dosha(s) beruhigen.

Dieses „bessere" Dosha-Gleichgewicht wird Beschwerden und Krankheiten verhindern, Ihre Spannkraft erhöhen und den Alterungsprozeß verlangsamen.

Die möglichen Veränderungen in Ihrem Lebensstil lassen sich zur Wiederholung unter folgenden Gesichtspunkten zusammenfassen: Verdauung, Ernährung, Arbeit, Freizeit, Sport, Stillezeiten, Morgenroutine und die Verantwortung für Beziehungen. Formulieren Sie Ihre Vorschläge für Veränderungen eher positiv als negativ. Wenn Sie Ihren Geist auf die neue Handlungsmuster konzentrieren, werden die alten durch Nichtbeachtung langsam blasser werden. Um wirklich zu nutzen, müssen Veränderungen allmählich von statten gehen, und auch die Menschen um Sie herum gewöhnen sich erst langsam daran.

Jahreszeitliche
Änderungen
Ihr Lebensstil sollte sich unter allen Umständen den jahreszeitlichen Änderungen anpassen (siehe Seite 150).

Abnehmen

Ihr Körper hat sich an Ihre Eßgewohnheiten gewöhnt, und eine plötzliche Ernährungsumstellung kann Ihrem Körper oder Geist das Gefühl eines Entzuges vermitteln. Langsame Veränderungen dagegen lassen Körper und Geist Zeit, sich umzustellen.

Eine dauerhafte Änderung des Gewichtes kann nur sehr langsam erreicht werden. Eine das Kapha beruhigende Ernährung wird das Gewicht senken, wohingegen eine das Vata beruhigende Ernährung Ihnen bei der Gewichtszunahme helfen wird (siehe Seite 154-155). Übergewicht hat meist eine Reihe von Gründen, zu denen Ama, eine schlechte Verdauung, falsche Nahrungszusammenstellung, schwaches Agni oder übermäßiges Essen gehören. (Letzteres kann entweder die Sehnsucht des Geistes nach Trost befriedigen oder das Bedürfnis des Körpers nach Prana decken.)

Zusammenfassende Beurteilung

Martins Beurteilungen (siehe Seite 182-183) können Ihnen helfen, Ihre eigene Beurteilung zusammenzufassen. Die folgenden Fragen sollen als Anhaltspunkte dienen:
- Welche Konstitution haben Sie, oder welches Dosha herrscht bei Ihnen vor? (siehe Seite 38-41)
- Sind Ihre Doshas ausgeglichen? (siehe Seite 63)
- Wird Ihr vorherrschendes Dosha oder Ihr Ungleichgewicht erhöht oder beruhigt durch
  - Ihre Ernährung
  - ungelöste Gefühle
  - Ihre Beziehungen
  - Ihre Freizeitaktivitäten
  - Ihre Einstellungen
  - Ihre Lebensereignisse?

VPK und das tägliche Leben

Hier folgen für jeden Konstitutionstyp noch einmal die wichtigsten Punkte, die zusammen mit der richtigen Ernährung im Alltag zu berücksichtigen sind.

Vata

Regelmäßige Abläufe · regelmäßiges Einölen der Haut · tägliche sanfte Übungen · ausreichend Schlaf und Ruhe · warm halten · die Sinne anregen

Pitta

Ziele erreichen, ohne sich selbst unter Druck zu setzen · aufbauende Kritik statt Konfrontation · täglichen Sport ohne Wettkampfeinstellung · Ruhe bewahren · Genießen Sie Anstrengungen an der frischen Luft.

Kapha

Sorgen Sie für Abwechslung im Tagesablauf · viel geistige Anregung ist wichtig · täglich Sport bis zum Schwitzen · früh aufstehen, warm halten

Vorsicht: Wenn Sie sich in medizinischer Behandlung befinden, sollten Umstellungen in der Ernährung oder dem Lebensstil mit Ihrem Arzt besprochen werden. Die richtige Ernährung und der richtige Lebensstil werden jedoch alle Ihre Behandlungen unterstützen.

Die Beurteilung von Martin

Martins ayurvedisches Profil wurde auf Seite 105 vorgestellt und seine Ernährung auf Seite 157 eingestuft. Nun sollen sein Leben VPK zugeordnet sowie die ersten Schritte für Veränderungen vorgeschlagen werden.

Alter 45	Pitta-Alter
Konstitution	Pitta

Beschwerden

Übersäuerung des Magens	Pitta
rote Flecken/Pusteln	Pitta
Lungenentzündung	Pitta
Kopfschmerzen	Pitta/Vata

Lebensereignisse/Beziehungen

Im Alter von 18 Universität
28 Partner in einer Anwaltskanzlei
31 Heirat
34 Geburt einer Tochter
37 Geburt eines Sohnes
38 Tod des Vaters

Obwohl alle Veränderungen das Vata erhöhen, hatten sie keinen nennenswerten Einfluß auf seine Gesundheit. Mit 28 Jahren hatte er ein Ziel erreicht, sich aber sonst keine weiteren Ziele gesteckt.

Morgendlicher Ablauf

wechselnd, immer in Eile	Vata

Arbeit

Verantwortung	Pitta
sitzende Tätigkeit	Kapha
Reisen	Vata
anspruchsvoll	Pitta
hohe Anforderungen	Pitta/Vata
Enttäuschungen	Pitta
Unterbrechungen	Vata

Freizeit

Squash	Pitta
Trinken und Essen in Gesellschaft	im Übermaß erhöht, Pitta, Kapha

Verdauung

kräftig, schnell	Pitta
Ernährung	Pitta

Einstellungen und Gefühle

Enttäuschungen	Pitta
tiefe Angst vor den Versagen	Pitta
tiefe Angst vor der Leere im Leben	Vata

Zusammenfassung von Martins Beurteilungen

Martins Profil weist ein Pitta-Ungleichgewicht und eine Reihe an Pitta-Einflüssen auf. Allerdings gibt es auch Einflüsse, die das Vata erhöhen, seine Gesundheit wurde in der Vergangenheit dadurch jedoch nicht beeinträchtigt. Wenn er sich dem Vata-Alter nähert und wenn er nichts dagegen unternimmt, werden diese das Vata erhöhenden Einflüsse jedoch Beschwerden hervorrufen. Sein Körper hat dann schon zu lange den Anstieg des Pitta-Doshas ausgehalten, als daß er ein weiteres Dosha-Ungleichgewicht tolerieren könnte.

Martin hat seine tiefen inneren Gefühle erkundet. Um seine Ausbildung und erfolgreiche berufliche Laufbahn zu erreichen, hat Martin seine natürliche Pitta-Energie und die ihr innewohnenden geistigen Fähigkeiten benutzt. Zusätzlich zu seinen intellektuellen Gaben arbeitete er sehr zielorientiert, um seinen Ehrgeiz zu befriedigen. Für gewöhnlich erreichte er seine Ziele auch. Diese Art zu arbeiten (die das Pitta ansteigen läßt) ist gekoppelt mit einer tiefen persönlichen Versagensangst; beides zusammen hält ihn in einem Pitta erzeugenden Lebensstil gefangen. Dieser Lebensstil wird ihn von den frühen in die späten Stufen des Krankheitsgeschehen führen, wenn er keine Veränderungen vornimmt.

Martin würde seine Karriereleiter viel leichter hinaufsteigen, könnte er nur seine überschüssige Pitta-Energie abbauen. Die Früchte seiner früheren harten Arbeit könnten dann geerntet werden. Heute weiß er, daß er seine positive natürliche Pitta-Energie für gute Zwecke einsetzen sollte, nicht nur für sich selbst, sondern ebenso für seine Familie und seine Kollegen.

Vorschläge für Martin, das Pitta abzubauen

Ernährung – das Pitta beruhigend (siehe Seite 133-143)

Arbeit – Anforderungen, Enttäuschungen und Unterbrechungen verringern durch Übertragung von Aufgaben an ein Team, dem er vertrauen kann. Er wird die Achtung dieses Teams gewinnen, indem er seine Erfahrung mitteilt, die Stärke seiner Mitarbeiter anerkennt und sie gleichzeitig konstruktiv in ihren Schwächen kritisiert.

Freizeit/Sport – Mehr Frischluftaktivitäten mit der Familie, wie beispielsweise Fahrradfahren. Mit einem Yoga-Lehrer einige Einzelsitzungen, in denen ihm passende Übungen gezeigt werden, die er täglich zuhause oder unterwegs machen kann.

Morgendlicher Ablauf – Frühes Aufstehen, um eine halbe Stunde Zeit für Yoga oder eine Stillezeit zu haben. Frühstücken mit den Kindern.

Verantwortung für die Beziehungen – Frau und Kindern ungestörte Aufmerksamkeit widmen, ohne dabei Antworten oder Ergebnisse zu erwarten.(Für sie ist das ungewohnt, und was sich entwickeln kann, wird durch ihre Erwartungen bestimmt). Zeit und Energie sollten zwischen Familie und Arbeit aufgeteilt werden.

Martins erste Schritte

Daß Veränderungen notwendig werden, hat Martin erkannt, und mit Ausnahme des morgentlichen Ablaufs formuliert er allgemeine Ziele. Er frühstückt mit den Kindern, stellt sich seine Speisen beim Essen außerhalb vorsichtig zusammen und bemerkt, wenn er seinem Assistenten gegenüber ungeduldig oder überkritisch wird. Er denkt über angemessenere Wege nach,darauf zu reagieren, und hat einen Termin bei einem Yoga-Lehrer.

Rat und Hilfe suchen

Vielleicht wissen Sie nicht so recht, was Sie tun sollen, um Ihr Leben zu verändern, und suchen Rat und Hilfe bei einem ayurvedischen Arzt oder Therapeuten.

Zur Zeit werden in Indien mehr denn je ayurvedische Therapeuten ausgebildet, und ayurvedische Kliniken bemühen sich um westliche Patienten. Im Westen wird Ayurveda gegenwärtig hauptsächlich zur Vorbeugung und Behandlung von Verdauungsstörungen eingesetzt. Allerdings wächst auch hier die Zahl der Studenten für ayurvedische Grundlagen und Anwendungen beachtlich, auch wenn sie nur Therapeuten und keine Ärzte werden. Solche gut ausgebildeten Therapeuten können Anleitungen beim Panchakarma (siehe Seite 186), bei Kräutern, der Ernährung und dem Lebensstil geben. Daneben gibt es auch viele alternative Therapeuten und Heilpraktiker, die sich in Ayurveda ausbilden lassen. Auch sie können dann nach ayurvedischen Grundlagen die Behandlung auswählen und Ernährungratschläge ebenso wie Anweisungen zur Lebensführung geben.

Einen ayurvedischen Arzt oder Therapeuten zu finden, bereitet oft Schwierigkeiten. Es gibt nicht nur wenige weit verstreut praktizierende, sondern sie unterscheiden sich auch deutlich in ihren Qualitätsmaßstäben. Aber auch dies wird sich ändern, denn es wird bei der Ausbildung auf den unterschiedlichen Stufen eine Qualitätssicherung geben. Auf der Suche nach einem ayurvedischen Arzt oder Therapeuten werden Ihnen Ihr gesunder Menschenverstand und Ihre innere Weisheit behilflich sein. Der verzweifelte Wunsch nach Hilfe darf Ihr richtiges Urteilsvermögen nicht trüben.

Die angegriffene Gesundheit beurteilen

Eine gute Beobachtungsgabe und ein tiefgehendes Verständnis für den menschlichen Körpers versetzen den ayurvedischen Arzt in die Lage, anhand kleiner Zeichen wichtige Informationen über Krankheit und Gesundheit zu erhalten. Sie ergeben ein vollständiges Bild über das Dosha-Gleichgewicht oder Ungleichgewicht des Patienten. Der Arzt wird feststellen, welche Doshas, Gewebe, Kanäle und Organe befallen sind, und wird darüber hinaus die Konstitution und die Stärke des Agni beurteilen. Auch die Bereitschaft des Patienten, eine Behandlung zu beginnen und durchzuhalten, spielt eine Rolle. Der Arzt wird als erstes den Puls prüfen und Zunge sowie Iris, das Gesicht, Urin und Stuhl in Augenschein nehmen. Durch Befragung sucht er die gewonnene Diagnose zu bestätigen.

Ayurvedische Behandlung

Die ayurvedische Behandlung zielt darauf ab, durch Beruhigung das natürliche Gleichgewicht der Doshas wiederherzustellen und auf diese Weise sowohl die Ursachen als auch die Symptome der Krankheit zu beseitigen. Danach müssen die von der Krankheit geschwächten Gewebe regeneriert werden. Wie wirksam die Behandlung sein wird, hängt von vielen verschiedenen Umständen ab: Ihre körperliche und geistige Verfassung spielt dabei ebenso eine Rolle wie die Dauer Ihrer Krankheit, Ihr Alter, Ihre Bereitschaft, den Anweisungen Folge zu leisten und die Genauigkeit der Anweisungen selbst. Je länger Ihre Krankheit gedauert hat, desto schwieriger lassen sich die Doshas wieder ins Gleichgewicht bringen. Besonders gilt dies für das Vata-Alter, in dem sich der Stoffwechsel verlangsamt und die Gewebe sich nicht mehr so schnell aufbauen lassen.

Die wichtigsten Behandlungsmethoden des Ayurveda im Westen sind Shirodhara (siehe rechts), Kräuter und Panchakarma. Aber viele andere Therapien, die im Westen unter Alternativ- oder Komplementärmedizin laufen, werden im Ayurveda schon seit Jahrtausenden angewendet.. Hierzu zählen Massage, Marma-Punkt-Behandlung (vergleichbar der Akupressur), Farb- und Edelsteintherapie, Duftöle und potenzierte Arzneimittel, Musik und Gesang, Meditation, Yoga und Ausgleichen der Nadi-Energie (Grundlage für die Polarisierungstherapie).

Der Gebrauch von Kräutern

Kräuter werden im Ayurveda oft zur Beruhigung, der anschließenden Regeneration der Gewebe und zur allgemeinen Gesunderhaltung eingesetzt. Die Wirkung der

Shirodhara

Ein kontinuierlicher warmer Fluß von Öl über die Stirn wird als Shirodahara bezeichnet. Er fördert eine tiefe Entspannung und hilft, tiefe ungelöste Gefühle freizusetzen. Auf einen aufgeregten Geist wirkt er beruhigend. Shirodhara kann auch Teil eines Panchakarma-Programms sein.

Vielzahl an Kräutern hängt von einer genauen Kenntnis ihrer besonderen Wirkweise oder auch Prabhav ab (siehe Seite 53), die genau auf die Doshas, Gewebe und das Agni zugeschnitten sein sollte.

Im Ayurveda werden die Kräuter in Eigenschaftsbegriffen und nach ihren Wirkungen auf den Körper und die Doshas verstanden. Im Mittelpunkt steht dabei nicht der „aktive" Bestandteil jeder einzelnen Pflanze, sondern ihre gesamte stärkende oder schwächende Tätigkeit im Körper. Eine Arznei sollte nach ayurvedischer Vorstellung nicht im Körper wirken und dann ohne Nebenwirkungen verschwinden. Zwar sind auch viele Kräutermischungen als allgemeine Tonika erhältlich, aber die individuelle Behandlung ist ebenso fein auf die Konstitution des Patienten und seine besonderen Umstände abgestimmt wie auf die beteiligten Doshas und Gewebe.

Panchakarma

Oft schlagen die Ärzte beim Vorliegen ausreichender körperlicher Stärke eine Reinigung in Form von Panchakarma vor. Diese tiefe Reinigung ist einzigartig im Ayurveda und setzt den Körper in den Stand, überschüssiges Dosha und Giftstoffe aus den Zellen freizusetzen, im Verdauungstrakt zu sammeln und auszuscheiden. Panchakarma erfordert fünf therapeutische Maßnahmen: Erbrechen, um einen Überschuß an Kapha abzubauen, die Abführmittel, um einen Überschuß an Pitta loszuwerden, Einläufe, um überschüssiges Vata auszuleiten, Anwendungen durch die Nase bei Erkrankungen des Kopfes und des Halses und der Aderlaß bei Blutstörungen.

Zuvor wird der Körper einige Tage sorgfältig durch Ölmassagen und eine darauf folgende Dampfbehandlung vorbereitet. Durch den Dampf kann das Öl besser in die Haut einziehen, und Giftstoffe an der Oberfläche werden freigesetzt. Auch Kräuter werden zusammen mit Öl und Dampf eingesetzt. Die entsprechende therapeutische Anwendung kommt erst zum Zuge, wenn das Öl tief genug eingedrungen und der Körper vollständig vorbereitet ist. Jede Panchakarma-Behandlung ist individuell auf den Patienten zugeschnitten.

Pulsdiagnose

Um den Gesundheitszustand festzustellen, verlassen sich einige ayurvedische Ärzte allein auf die Pulsdiagnose. Für gewöhnlich wird der Puls ja an den Arterien am Handgelenk gemessen, aber die Pulsdiagnose erfordert großes Einfühlungsvermögen, Klarheit und Hingabe. In den Händen eines Experten ist sie ein sehr genaues Hilfsmittel, als Patient mögen Sie jedoch eine solch kurze Konsultation verwirrend finden.

Beruhigung

Ama wird verbrannt, Agni entzündet und ein Überschuß an Dosha mit der Hilfe von Kräutern, Fasten (unter Aufsicht), Übungen und Pranayama entfernt.

Achtung: Panchakarma entfaltet sehr starke Wirkungen und sollte nur von einem erfahrenen Therapeuten angewandt werden.

Sachverzeichnis

Weiterführende Literatur/Quellenangaben

Charaka Samhita. Bände I-III. Übersetzt und herausgegeben von Prof. Priyavrat Sharma (Chaukhambha Orientalia, Varanasi, Indien, 1985)

Astanga Hrdayam. Band 1 übersetzt von Prof K.R.Sri Kantha Murthy (Krishnadas Akademie, Vranasi, Indien 1991)

Verma, Vinod: Gesund und vital durch Ayurveda. O.W.Barth, Bern 1992

Sivananda Yoga Zentrum: Yoga. Gräfe und Unzer, München 1985

Deepak, Chopra: Die Körperseele. Grundlagen und praktische Übungen der indischen Medizin. Knaur TB, München 1993.

Adressen

Maharishi Ayur-Ved; Gesundheits- und Seminarzentrum Bad Ems
Postfach 1330
56120 Bad Ems

Die „indische Gesellschaft für Ayurveda"
Wildbadstr.201
56841 Traben-Trarbach

Dank

„Tatsachen werden nicht durch Worte geschaffen. Sie beschreiben sie oder verfälschen sie. Die Tatsache selbst ist nicht in Worte zu fassen." Sri Nisgadatta Maharaj in „I am that".

Auch nur eine Andeutung von der Schönheit, Tiefe und Macht des Ayurveda weiterzugeben, ist mein Anliegen mit diesem Buch. Sollte ich die Lehren des Ayurveda durch meine Interpretation verfälscht haben, so bitte ich um Verzeihung. Aber Sie werden selbst entscheiden und gegebenenfalls einen geduldigen Lehrer finden, der Ihnen die urspüngliche Fassung näher bringt.

Mein Dank geht an:

meine Eltern,

meine Lehrer Dr. V.Lad und Dr. R.Svoboda,

meinen Bruder,

die ganze Belegschaft und die Freunde am ayurvedischen Institut, Albuquerque, für ihre Liebe und Unterstützung,

an Anne Wyatt und Hart de Fouw und ihre so verschiedenen außerordentlichen Fähigkeiten, ohne die dieses Buch nie geschrieben worden wäre,

an Dr.V. Lad und die Ayurvedic Press für die Nahrungsmitteltabellen,

an Will Forster für die Hilfe beim Übersetzen der Sutren aus dem Sanskrit,

an Duncan Hulin und die Devon Yoga Schule für ihre Hilfe bei der Übungsfolge,

an Barbara und Jack Savage, Angela Hope-Murray, Richard Barton, Pauline Dunn und Eileen Pettit für Ihre liebevolle Unterstützung und ihre praktische Hilfe.

Judith H. Morrison